Katharina von Dessien

FLIEGE INS LEBEN, LANDE BEI GOTT

KATHARINA VON DESSIEN

FLIEGE INS LEBEN, LANDE BEI GOTT.

52 Zwischenstopps
einer Alltagsreisenden

francke

Bibliografische Information Der Deutschen Nationalbibliothek
Die Deutsche Nationalbibliothek verzeichnet diese Publikation in der Deutschen Nationalbibliografie; detaillierte bibliografische Daten sind im Internet über http://dnb.ddb.de abrufbar.

ISBN 978-3-86827-681-7

35037 Marburg an der Lahn
Umschlagbild und Fotos Innenteil: © iStockphoto.com / Remains
Umschlaggestaltung: Verlag der Francke-Buchhandlung GmbH / SG
Satz: Verlag der Francke-Buchhandlung GmbH
Printed in Czech Republic

www.francke-buch.de

INHALT

WILLKOMMEN

»GOTTES GEGENWART IST ÜBERALL UND WARTET DARAUF, DASS ICH SIE WAHRNEHME.«

NOVEMBER 2016.

Nach einer vollen Arbeitswoche – na ja, eher einem super stressigen, vollgepackten Jahr – habe ich zum ersten Mal nach langer Zeit ein freies Wochenende. Drei Tage ohne einen vollen Terminkalender mit viel Zeit zum Nichtstun, Entspannen und Vorbereiten auf den Advent.

Das Abschalten fällt mir nicht leicht, doch die Stille ruft und so lasse ich mich darauf ein. Sie führt mich zu altbekannten Worten[1], die plötzlich neue Bedeutung gewinnen und zu sprechen beginnen. Hinein in dieses volle Jahr, in diese Reise, auf der ich mich befinde, in unsere gestresste Welt, die so oft das Leben aus uns herauszusaugen scheint.

Der Herr ist mein Hirte, mir wird nichts mangeln.

Das ist eine ziemlich steile Aussage – damals, als David sie aufschrieb, während er das harte Leben eines Schafhirten führte, mit all seinen Herausforderungen und der Verantwortung für eine sture Schafherde. Und dennoch glaubte er das.

Es ist aber auch eine schier unmögliche Aussage – für mich heute, die ich scheinbar verlernt habe, die Fülle um mich herum zu entdecken. Ich bin von ihr umgeben und sehe doch oft nur Mangel und Defizit. Statt Wachstum im Kleinen achte ich auf Zerstörung und Tod. Und das macht es mir oft schwer, Gott in all dem zu finden und zu begegnen.

Er weidet mich auf einer grünen Aue und führet mich zum frischen Wasser. Er erquicket meine Seele. Er führet mich auf rechter Straße um seines Namens willen.

Als Teenager wurde David gesagt, er würde eines Tages König sein, die Schafe zurücklassen und stattdessen Menschen leiten. Doch zunächst musste er warten. Statt grüner Wiesen und Erfrischung musste er Demütigung und Verfolgung aushalten – dennoch blieb er hoffnungsvoll und vertraute auf seinen guten Hirten. Beeindruckend.

Als jungen Erwachsenen steht uns die Welt offen, alles scheint möglich zu sein. Und damit fangen die Probleme an. Ich habe so viele Wahlmöglichkeiten, dass ich nicht mehr weiß, wo ich anfangen soll. Bloß keine falsche Entscheidung treffen. So viele Fragen, so viel Ungewissheit. Ich bin mehr verwirrt als entschlossen, mehr überwältigt als überzeugt, mehr zurückhaltend als energisch. Ich scheine festzustecken und werde des Wartens überdrüssig. Und in dieser Ungewissheit schleicht sich so oft dieser Zweifel ein, ob es diese grüne Aue wirklich gibt. Und ob dieser Hirte auch mich gut führen wird.

Und ob ich schon wanderte im finstern Tal, fürchte ich kein Unglück, denn du bist bei mir, dein Stecken und Stab trösten mich.

David konnte viele Geschichten über das Leid und den Tod erzählen. Geschichten von Flucht und Verstecken. Von Angst und Ungewissheit. Von Zeiten, in denen er mehr Fragen als Antworten hatte. David kannte sich mit Leid aus. Und dennoch hielt er an Gottes Gegenwart mitten im finsteren Tal fest.

Meine Geschichte mit Gott scheint ein wilder Mix aus Schwarz und Weiß zu sein. Es gibt viele helle Momente. Zeiten, in denen ich Gott klar erlebt und seine Stimme deutlich gehört habe. Erlebnisse, die meine Beziehung zu ihm gefestigt haben. Menschen, die mir Gott nähergebracht haben und mit mir gemeinsam unterwegs waren. So viel habe ich gelernt, so sehr wurde mein Leben dadurch bereichert.

Doch dazwischen mischen sich immer wieder dunkle Schatten. Zeiten des Verlusts und des Schmerzes, des Abschiednehmens und des Weitergehens. Abschied von Lebensabschnitten, in denen ich gerne noch etwas verweilen würde, aber das Leben treibt mich erbarmungslos vor sich her. Abschied von Menschen, die nun ohne mich weitergehen, sodass Freundschaften zum Ende kommen. Abschied von Denkmustern und Glaubensüberzeugungen, die nicht mehr zu tragen scheinen.

Zeiten, in denen ich Freunde leiden sehe und wie sie scheinbar am Leben zerbrechen. Ich will etwas sagen, etwas tun, kann es aber nicht. Meine Worte klingen aufgesetzt, mein Glaube plötzlich so bodenlos. Fragen und Zweifel, was denn wirklich trägt.

Momente, in denen mich die Dunkelheit dieser Welt zu überwältigen droht und ich Angst habe, dass sie mich völlig einnimmt. Momente der Erschöpfung, Enttäuschung und Sinnlosigkeit.

Diese Schatten lassen mich an Gott zweifeln, seine Gegenwart mitten im Tal ist für mich oft nicht erkennbar. Ich beginne zu hinterfragen, was und wie ich glaube. Ich kämpfe innerlich gegen bloße Formen, die oft so inhaltslos scheinen und mir große Mühe bereiten, Gott in ihnen zu finden. Ich probiere und teste aus und scheitere doch immer wieder. Ich stehe im finstern Tal und wünsche mir doch nichts sehnlicher, als endlich ins Licht zu finden.

Du bereitest vor mir einen Tisch im Angesicht meiner Feinde.
Du salbest mein Haupt mit Öl und schenkest mir voll ein.

Gutes und Barmherzigkeit werden mir folgen mein Leben lang,
und ich werde bleiben im Hause des Herrn immerdar.

Egal, wie viele Erfolge David erzielt hat oder wie sehr andere ihn gelobt haben – er hatte auch eine Menge Feinde. Menschen, die ihm das Leben schwer machten oder ihn aus dem Weg räumen wollten. Dinge und Umstände, die ihn ablenken und verwirren wollten. David war das durchaus bewusst, aber er setzte sich trotzdem hin und aß. Er legte seinen Fokus nicht auf all die Leute, die gegen ihn waren, sondern entschied sich dafür, die Fülle um ihn herum zu sehen und zu genießen. Eine außergewöhnliche Einstellung, die mich zum Nachdenken bringt.

Wer sind meine Feinde? Mein Feind ist so oft die Zeit, von der es nie genug zu geben scheint. Mein Terminkalender ist bis oben hin voll und so manches Mal frage ich mich, wie ich das alles schaffen soll. Ich wünsche mir echte Beziehungen und habe doch nicht die Zeit, jedem und allem gerecht zu werden. Ich mühe mich ab, haste an so vielem Schönen vorbei und bleibe am Ende leer zurück. Ich scheine nie wirklich Zeit zu haben.

Aber es gibt genug Zeit – wenn ich genau hinsehe. Wenn ich mich wie David dafür entscheide, meinen Blick auf die wichtigen Dinge zu lenken – dann sehe ich den Tisch, den Gott für mich gedeckt hat.

Ich fühle Freiheit; dass ich nichts tun muss, aber ausprobieren darf. Ich lerne, ehrlich mit Gott zu sein, auch wenn dabei keine schönen Worte herauskommen. Ich finde Gott in wohlvertrauten Bibelversen, alten Kirchenmelodien oder Liedern aus dem Radio wieder. Ich höre seine Stimme in den Worten anderer oder tief in meinem Herzen. Ich bin erstaunt über Gottes Treue, die er in so vielen kleinen Dingen beweist. Ich bin unendlich dankbar für seine vielen kleinen Geschenke im Alltag.

Gottes Gegenwart ist überall und wartet darauf, dass ich sie wahrnehme. Sie spornt mich an, weiterzusuchen und Neues zu finden. Und so mache ich mich auf die Reise, Gott in meinem Alltag zu finden und ihn in meinen scheinbar gewöhnlichen Lebensgeschichten zu entdecken.

Egal, ob du in der Kirche zu Hause bist oder dich dort etwas verloren fühlst. Egal, ob du Jesus schon lange kennst oder gerade erst am Anfang stehst – ich lade dich ein, mit mir auf die Reise zu gehen. Mutig auszubrechen, wo Formen dich zurückhalten, und aufs ungewisse Meer hinauszutreten. Deinen Blick zu weiten, wo Gott dir im Alltag begegnen möchte. Durch Dinge, die dir auf den ersten Blick vielleicht zu gewöhnlich erscheinen mögen. Dein Herz dafür zu sensibilisieren, Gottes Stimme auch im Chaos wahrzunehmen.

Dieses Buch ist eine Reise mit verschiedenen Abschnitten. Es beginnt mit dem Aufbruch zur Freiheit und der Einladung, tiefer zu blicken und auszugraben, woher du kommst. Es bietet viel Raum zum Nachdenken, wo auch Zweifel willkommen sind. Gott ist größer als unsere Fragen und lässt uns auch in den Tälern nicht allein. Es fordert dich heraus, deinen Blick zu schärfen und dich auf neue Wege einzulassen. Gottes gedeckter Tisch ist überall, wenn du danach Ausschau hältst.

Du kannst diese Reise chronologisch lesen und dich jede Woche mit einem Impuls beschäftigen. Du kannst aber auch thematisch lesen; je nachdem, was dich anspricht. Die Texte sind Einblicke in meine Reise, aber das ist nur der Anfang. Ich wünsche dir, dass es deine Reise wird.

Die Fragen und Impulse laden dich ein, tiefer zu graben, Neues auszuprobieren und Gott in deinen Alltag einzuladen. Deswegen ist viel Platz für dich – für deine Fragen, Notizen, Beobachtungen, Zeichnungen ... dieses Buch ist ein Logbuch für deine Reise und es lohnt sich immer, einen Stift dabeizuhaben und den Alltag mit Gott festzuhalten.

Am Ende des Jahres kannst du zurückblättern und staunen, wie reich gedeckt der Tisch Gottes in deinem Leben ist!

FREIHEIT
SUCHEN

»LASST UNS DAS LEBEN WILLKOMMEN HEIßEN.«

WOCHE 1

Willkommen

1

Ich betrete einen großen Raum voller unbekannter Gesichter. Voller Menschen, die ich erst noch kennenlernen muss. Wer von ihnen nicht nur Kollege, sondern auch Freund sein wird, wird sich im Laufe des Jahres erst herausstellen. Es ist ein langsamer Entdeckungsprozess. Es fühlt sich an wie der erste Schultag. Und das ist es tatsächlich, denn ich habe gerade meine erste Stelle als Lehrerin angenommen.

Das neue Jahr ist also tatsächlich neu für mich. Eine neue Lebensphase, neue Situationen, neue Herausforderungen. Und ich bin mir nicht sicher, ob ich all das willkommen heißen möchte.

Ich weiß nicht, wie dein Jahr aussah, das gerade erst zu Ende gegangen ist. Ich kann dir auch nicht sagen, was das neue Jahr für dich bereithält. Sind neue Menschen in deinem Haus und deinem Leben willkommen? Wartest du auf Veränderungen in diesem Jahr oder hältst du dich lieber von neuen Dingen fern? Hast du Angst vor der Zukunft oder lässt du dich einfach drauf ein?

Das Leben und seine Menschen überwältigen uns manchmal. Sie überraschen uns.

Nach der ersten Schulwoche merke ich, dass unbekannte Gesichter schnell vertraut werden. Menschen, die ich vorher nicht kannte, sind wirklich nett und es ergeben sich gute Gespräche. Obwohl ich Respekt vor all den neuen Aufgaben habe und erst mal zurückhaltend bin, entdecke ich auch langsam ein verloren geglaubtes Gefühl wieder: die Leidenschaft und Begeisterung für all die Möglichkeiten, die vor mir liegen.

Wenn wir also nun dieses neue Jahr beginnen – jeder von uns

mit seinen eigenen Freuden und Herausforderungen – lasst uns die Vergangenheit und alle Zurückhaltung hinter uns lassen. Lasst uns neue Menschen in unserem Leben mit offenen Armen empfangen und alten Freunden erlauben, uns zu überraschen. Lasst uns Unterbrechungen und versteckten Segensgeschenken gespannt entgegensehen. Lasst uns manchmal vom Leben überwältigt sein und Ruhemomente dafür umso mehr genießen. Lasst uns das Leben willkommen heißen.

WEITERDENKEN

» Welche Dinge heißt du ungern in deinem Leben willkommen?
» Worauf freust du dich in diesem neuen Jahr, was macht dir eher Angst?
» Heiße an jedem Tag dieser Woche eine neue Sache willkommen.

WOCHE 2

Zuerst

2

Januar. Der erste Monat des Jahres. Der Anfang von so vielen neuen Dingen.

Viele Menschen nutzen das neue Jahr, um gute Vorsätze zu fassen. Die halten dann vielleicht für zehn Tage, bis die Arbeit wieder anfängt und man in alte Muster zurückfällt.

Ich bin kein großer Fan von diesen Vorsätzen, weil sie mich unter Druck setzen. Das Gefühl des Versagens und der Enttäuschung, das danach folgt, hilft mir auch nicht wirklich.

Deswegen habe ich mir ein paar Dinge vorgenommen, die ich in diesem Jahr NICHT machen werde:

Ich werde nicht rund um die Uhr arbeiten und die täglichen Sorgen mit mir herumtragen. Stattdessen möchte ich Sabbat leben und meine Woche daraufhin planen.

Ich werde mir nicht vornehmen, jeden Tag ›Stille Zeit‹ zu machen, und mich schlecht fühlen, wenn das nicht klappt. Gott kann und will mir auch außerhalb meines Zimmers um fünf Uhr morgens begegnen. Ich möchte mich herausfordern lassen, ihn an gewöhnlichen und ungewöhnlichen Orten zu finden.

Ich werde nicht herumsitzen und auf den perfekten Plan für die Zukunft warten. Stattdessen will ich die Zeit nutzen, die mir gegeben ist, denn Wartezeit ist niemals vergeudete Zeit.

Ich werde es nicht schaffen, mit allen Freunden in Kontakt zu bleiben, egal, wie sehr ich es auch versuche. Deswegen möchte ich bewusster Leben teilen und gezielt in Menschen investieren.

Ich werde nicht jeden Tag die Fassade eines organisierten und zufriedenen Lebens aufrechterhalten, denn das wäre eine Lüge.

Ich bin ein Mensch, der wie jeder andere zu kämpfen hat, hinfällt und die Scherben zusammensammeln muss. Deswegen möchte ich mich in Verletzlichkeit und Ehrlichkeit üben.

In diesem Jahr will ich lernen, weniger zu TUN.
Ich möchte SEIN.

WEITERDENKEN

» Fasst du gute Vorsätze? Wie erfolgreich bist du damit?
» Erstelle eine Liste mit Dingen, die du dieses Jahr NICHT tun möchtest. Du kannst sie gerne mit anderen teilen, damit ihr euch gegenseitig ermutigen könnt.
» Benenne einen Aspekt deines Lebens, wo du mehr SEIN und weniger TUN möchtest.
» Überlege, wie sehr deine Beziehung zu Gott eher vom TUN als vom SEIN bestimmt ist.

WOCHE 3

Frei Sein

3

Ich weiß nicht, an was du dich aus deinen Teenagerjahren erinnerst (oder an wie viel du dich erinnern möchtest), aber mir ist hängen geblieben, dass diese Zeit oft hart und mit vielen Fragen verbunden war: Welche Musik gefällt mir? Warum tue ich die Dinge, die ich tue? Wer sind meine wahren Freunde? Wie soll mein Leben später einmal aussehen? Was denke ich über bestimmte Themen und Dinge?

Besonders im Hinblick auf meinen Glauben hatte ich viele Fragen: Warum glaube ich an Gott? Ist die Art und Weise, wie ich Gott finde und begegne, die einzig richtige Weise?

Oft fühlte ich mich eingeengt in meinen Glaubensvorstellungen, als ob Familie und Gemeinde mich in eine bestimmte Schublade gesteckt hätten und ich nur so glauben durfte. Es war also Zeit, auszubrechen.

Der Weg in die Freiheit ist keine goldglänzende Straße ins Gelobte Land. Er ist eher ein steiniger, hügeliger Pfad ins Ungewisse.

Bei all diesen Fragen erinnere ich mich auch an Gespräche mit Leuten, die anders als ich aufgewachsen sind. Menschen, die einen anderen Lebensstil führten und unterschiedlicher Meinung waren. Menschen, die viele Fragen stellten und mich dazu zwangen, mich selbst zu hinterfragen und meine Gedanken mit etwas Abstand zu betrachten. Menschen, die mich ermutigt haben, Dinge hinter mir zu lassen, die nicht mehr zu mir passten. Sie waren da in meinen Kämpfen, feuerten mich in meiner Suche an und nahmen mir unnützes Gepäck ab, damit ich die Reise entspannter gehen konnte.

Die Reise ist noch nicht zu Ende. **Aber je mehr ich vom Leben sehe und durchlebe, je mehr Menschen ich treffe und aus meinem Schubladendenken heraustrete – desto mehr entdecke ich die große Freiheit, die dort draußen ist.**

Freiheit, zu sein und nicht gleich zu tun.
Freiheit, Fehler zu machen.
Freiheit, zu wachsen.
Freiheit, zu entdecken und zu lernen.
Freiheit, diesen Berg hinaufzuklettern, egal, wie lange es dauern wird.
Freiheit, zu glauben und mehr von Gott an unerwarteten Orten zu entdecken.
Freiheit, zu leben.

WEITERDENKEN

» Welche Fragen haben dich in deinen Teenagerjahren beschäftigt?
» Wie bist du damit umgegangen?
» Welche Fragen sind jetzt übrig geblieben?
» In welchen Bereichen deines Lebens und Glaubens wünschst du dir Freiheit?
» Wo ist es vielleicht Zeit, auszubrechen?
» Wer sind die Reisegefährten in deinem Leben?

WOCHE 4

Fragen sind manchmal besser als Antworten

4

Ich diskutiere gerne. Das liegt wahrscheinlich an meiner Familie – wie viele Stunden haben wir am Esstisch verbracht und über Politik, Ereignisse in der Schule oder das Leben allgemein diskutiert! So manchmal wurde es richtig laut und man musste lernen, seine Meinung gut zu formulieren.

Dennoch muss ich zugeben, dass ich nicht mit jedem gerne diskutiere. Ich habe einen guten Freund, der mich manchmal fast wahnsinnig macht. Er stellt Fragen. Zu allem und jedem. Das ist am Anfang noch witzig und ich denke mir gute Antworten aus, aber mit der Zeit merke ich, wie ich ungeduldig und wütend werde. Besonders, wenn es um meinen Glauben geht und ich mich hinterfragen muss. Nach und nach bröckeln meine Überzeugungen und ich bin mir nicht mehr in allem sicher. Auf manche Fragen habe ich einfach keine Antwort. Das fühlt sich irgendwie unbefriedigend und unangenehm an. Wie ein Verlust oder Schwäche.

Wo kommt dieses Gefühl her?

Es scheint tief in mir drin zu stecken, dass ich nicht zugeben darf, dass jemand anders recht haben könnte. Zweifel scheinen verboten, Veränderung hinterlässt bei mir einen negativen Eindruck. Ich setze mich selbst unter Druck, auf alles eine Antwort haben zu müssen und nichts offenstehen lassen zu können.

Aber so langsam beginne auch ich selbst, mich zu hinterfragen, Denkmuster aufzubrechen und neue Gedanken zuzulassen. Das ist zunächst mal eine Reise ins große Ungewisse. Wie ein Gang auf dem offenen Meer mit hohen unberechenbaren Wellen. Ich lasse das sichere Land hinter mir und weiß nicht, wo ich einmal landen werde. Das ist beklemmend und verunsichernd.

Doch je weiter ich laufe, je weiter ich mich rauswage, desto mehr macht sich ein anderes Gefühl in mir breit: Weite. Möglichkeiten. Mut. Freiheit.

Ich kann nun besser damit umgehen, wenn Menschen mir Fragen stellen und mein Denken hinterfragen. Ich kann jetzt einem anderen recht geben und mein Denken verändern, ohne mich dabei schwach oder unterlegen zu fühlen. Ich darf Fragen offenstehen lassen und nicht auf alles eine Antwort haben.

WEITERDENKEN

» Diskutierst du gerne? Über welche Themen und mit wem? Warum oder warum nicht?

» Wie reagierst du, wenn Leute dich und deinen Glauben hinterfragen?

» Hast du schon mal Denk- und Glaubensmuster in deinem Leben hinterfragt? Welche Erfahrungen hast du damit gemacht?

» Fordere dich selbst heraus diese Woche: Lass dich von Freunden hinterfragen, lass dich auf eine Diskussion ein und schreib dir deine Erkenntnisse und Erfahrungen dabei auf.

WOCHE 5

Wo man Gott begegnet

5

Ich bin in einer christlichen Familie aufgewachsen und habe das gesamte Jugendprogramm durchlaufen, das eine Gemeinde so anbieten kann. Ich habe Mission praktisch im Ausland gelebt und erlebt. Dabei hat sich ein bestimmtes Denken bei mir eingeschlichen: Lies die Bibel, geh in den Gottesdienst, triff dich mit anderen Christen, um Gott zu begegnen.

An und für sich sind das gute Dinge. Aber oft ist damit ein gewisser Druck verbunden: Du musst das tun. Das ist der einzige Weg.

Mir bleibt nur, mich schuldig zu fühlen. Schuldig für jeden Tag, an dem ich die Bibel nicht aufgeschlagen habe, keine Lobpreismusik gehört habe und noch nicht mal in der Gemeinde war. In mir setzen sich ein Gefühl des Versagens und ein geistlich schlechtes Gewissen fest.

Seit ich angefangen habe zu arbeiten, hat sich mein Lebensrhythmus stark verändert. Frühes Aufstehen, wenig Schlaf, so viele neue Aufgaben – bei dem Stress bleibt wenig Zeit, Gott auf »geistliche« Art zu begegnen. Und das hilft mir, eine neue Freiheit zu finden.

Ich entdecke die Wunder der Schöpfung, die wie eine riesige Kathedrale die Welt umspannen und mich zum Staunen bringen. Ich lausche auf das Zwitschern der Vögel, die sich in die Kälte hinaustrauen, und höre darin den Lobpreis des Himmels. Ich bin überreich beschenkt mit traumhaften Sonnenaufgängen und lasse mich von Gottes Gegenwart erfüllen. Ich höre so viele Geschichten, wenn andere mir Einblick in ihr Leben und ihre Herausforderungen gewähren, und lese darin Gottes Handschrift. Ich erlebe echte Fürsorge, Freundschaft, Hoffnung. Ich genieße ein gutes Essen am Ende eines langen Tages. **Ich begegne Gott. Außerhalb von einer Gemeinde und Ritualen.**

Ich weiß nicht, wie dein Leben aussieht, wie du deinen Tag gestaltest. Ich weiß nicht, ob und wie du Gott begegnest. Ich sage nicht, dass ein Weg besser als alle anderen ist. **Aber ich möchte deiner geplagten Seele ein bisschen Freiheit zusprechen.** Ich möchte dich herausfordern, deine Perspektive zu weiten, deine Augen und dein Herz zu öffnen.

Gott ist da, er möchte dich finden und dir begegnen. Genau da, wo du bist. An oft unerwarteten Orten und in Menschen. In den komischsten Umständen. Bist du bereit, ihm dort zu begegnen?

WEITERDENKEN

» Wie begegnest du Gott?
» Welche christlichen »Rituale« fallen dir leicht, welche schwer?
» Probiere diese Woche einen oder mehrere Wege aus, Gott einmal anders zu begegnen. Hör Musik, achte auf die Natur, triff dich mit anderen Menschen, denke intensiv über einen Bibelvers nach, schaue aus dem Fenster und hänge deinen Gedanken nach ...

DEN BLICK SCHÄRFEN

»ES GIBT KEINEN BEREICH MEINES LEBENS, DER NICHT VON GNADE DURCH-ZOGEN IST.«

6 Der Blick unter die Oberfläche

Unsere Nachbarn bauen gerade ein neues Haus. Innerhalb weniger Tage haben sie das alte Haus abgerissen und heben nun tiefe Löcher für das neue aus. Jegliche Chance auf ein bisschen Ausschlafen wird zunichtegemacht, wenn die Bauarbeiter pünktlich um sieben Uhr morgens mit der Arbeit beginnen. Die Maschinen dröhnen und manchmal spüre ich, wie das ganze Haus unter mir bebt.

Wenn man allerdings etwas genauer hinschaut, sind Bauarbeiten doch recht faszinierend: Man muss tief graben, um dem Haus ein gutes Fundament zu geben. Man muss alte Fundamente freilegen und untersuchen, ob sie noch stabil sind. Man muss das abreißen, was nicht mehr gebraucht wird.

Graben. Freilegen. Untersuchen. Abreißen. Aufbauen. Das ist eine Übung, die uns das Leben jeden Tag lehrt. **Wir können uns nicht aussuchen, in welchem Körper und Leben wir geboren werden, aber wir können uns gut um das kümmern, was in uns drin liegt. Wir können uns um unsere Seele kümmern.**

Wir schauen unter die Oberfläche und legen die Tiefen in uns frei.

Wir untersuchen, woher wir kommen und ob uns dieses Fundament sicher in die Zukunft tragen wird.

Wir werfen einen genauen Blick auf unsere Identität, unsere Werte, unseren Glauben – wie sehen wir uns selbst, andere Menschen, die Welt, Gott?

Wir werden mutig und reißen das ab, was nicht mehr gebraucht wird. Alles Unsichere muss verschwinden: Beschränkte Vorstellungen von Gott. Falsche Ideen über diese Welt. Lügen über uns selbst. Die Mauern, die wir zwischen uns gebaut haben.

Wir bereiten den Boden vor und legen gute Fundamente, damit unser Leben tief und sicher gegründet ist für eine noch unbekannte Zukunft.

WEITERDENKEN

» Was kommt dir in den Sinn, wenn du an Gott denkst?
» Welche Ideen hast du über andere Menschen?
» Was denkst du über dich selbst?
» Schreib diese Dinge auf.
» Markiere, welche Punkte auf den Listen du als befreiend und welche du als einengend empfindest.
» Markiere, welche Dinge stabil sind und welche eher wackelige Fundamente sein könnten.

WOCHE 7

Wahrer Held sein

7

Held – bei diesem Wort kommen mir Bilder von großen Filmmomenten in den Sinn: Die Ein-Mann-Show eines Mutigen, der den gesamten Planeten vom Bösen, Aliens oder Naturgewalten befreit. Ein Coach, der sein Team anfeuert, alles zu geben, auch wenn es schon weit zurückliegt. Eine Familie, die in Missverständnissen und Kämpfen zusammenhält und am Ende ein Happy End erlebt.

Na ja, das sind Filme. Aber wie sieht es im wahren Leben aus?

Meistens sind wir wohl alles andere als heldenhaft.

Wir fühlen uns morgens müde, obwohl wir gerade erst geschlafen haben.

Wir verzweifeln beim Anblick der Arbeit, die heute vor uns liegt. Hunderte von E-Mails in unserem Postfach, die beantwortet werden wollen.

Wir verdienen nicht übermäßig viel Geld, wir lösen keine Probleme in Sekundenschnelle, wir retten Beziehungen nicht im Handumdrehen.

Wir müssen uns manchmal überwinden, die Bibel zu lesen oder in den Gottesdienst zu gehen, obwohl wir uns eigentlich meilenweit von Gott entfernt fühlen.

Wir strampeln uns ab, um perfekte Freunde, Ehepartner, Eltern, Christen, perfekte Menschen zu sein.

Wir versuchen, Helden zu sein – für uns selbst, für unsere Familien, für unsere Freunde oder in der Gemeinde – nur um jeden Tag daran erinnert zu werden, dass wir einfach normale Menschen sind.

Wir fallen hin und stehen wieder auf. Wir leben.

Und ich frage mich, ob im Leben wirklich vor allem die Versuche zählen, mutig und anders zu sein, denn daran scheitern wir so oft. Vielleicht ist das Heroische vielmehr die Ehrlichkeit zuzugeben, dass wir gewöhnlich und fehlbar sind.

Statt eine zerbrechliche Fassade der Perfektion aufrechtzuerhalten, lasst uns eine Kultur der Ehrlichkeit und Offenheit leben. Statt krampfhaft an einem Bild falscher Perfektion festzuhalten, lasst uns Unvollkommenheit feiern. Lasst unsere Leben und Gemeinden Orte sein, wo unsere Schwächen ergänzt und unser Versagen geheilt werden.

»In the broken we shall see restored the image of our king.«

ANDY FLANNAGAN[2]

WEITERDENKEN

» Welche Bilder und Geschichten fallen dir zu Helden ein?
» Welche Wirkung haben sie auf dich?
» Wann fühlst du dich überhaupt nicht heldenhaft?
» Mit wem möchtest du mehr Offenheit leben? Teile diese Woche eine Situation, in der du versagt hast, mit einer Person deiner Wahl.

WOCHE 8

Auf die kleinen Dinge achten

8

Es beginnt mit den kleinen Dingen.

Wenn ich morgens aufstehe, aber mein Körper noch vom Tag davor erschöpft ist, dann weiß ich: Es ist Zeit, sich auszuruhen.

Wenn mir die Haare ausfallen und meine Handgelenke zu schmerzen beginnen, dann weiß ich: Es ist Zeit, Pause zu machen.

Wenn ich andere ohne offensichtlichen Grund anfahre, dann weiß ich: Es ist Zeit, zur Ruhe zu kommen.

Wenn ich Menschen übersehe, weil ich so auf die Arbeit fokussiert bin, dann weiß ich: Es ist Zeit, aufzuhören.

Vielleicht hast du beim Lesen manchmal zustimmend genickt. **Ruhe ist wichtig.** Wir brauchen sie, um dieses Rennen, genannt Leben, zu überstehen. Wenn ich bemerke, dass ich mich innerlich leer fühle und die kleinen Dinge des Lebens nicht mehr genießen kann, weil ich nur an ihnen vorbeihetze – dann sagt mir meine Seele, dass ich Pause machen muss. Pause machen und den inneren Tank wieder auffüllen, der meine Freude, meine Stärke, meinen Frieden nährt.

Ruhe ist ganzheitlich, sie schließt Körper, Geist und Seele mit ein. Das mag bedeuten, das Geschirr ungewaschen stehen zu lassen und früher ins Bett zu gehen. **Das mag bedeuten, NEIN zu sagen und die Stimmen im Kopf auszuschalten, die uns einreden wollen, dass wir nicht aufhören dürfen** (JA, wir dürfen!). Das mag bedeuten, etwas zu tun – einfach nur aus purer Freude, um tief drinnen in uns etwas wiederherzustellen.

Für mich bedeutet Ruhe Kochen, Schreiben und Reden. Für dich ist es vielleicht Wandern, mit deinen Kindern spielen oder Einkaufen.

Es ist egal, was du tust. Aber wenn du es tust, wirst du merken, dass du genau diese Dinge brauchst, um deine Perspektive auf die Welt wieder zu schärfen, die kleinen Dinge wieder wahrzunehmen und das leise Flüstern Gottes wieder zu hören. Dann, wenn du es gerade am meisten brauchst.

Ruhe ist eine Einstellung, eine Art und Weise, unsere Arbeit und Welt anders zu betrachten. Mach sie zu deiner Einstellung.

WEITERDENKEN

» Woran merkst du, dass du Ruhe brauchst? Welche Signale senden Körper, Geist und Seele an dich?
» Was hindert dich daran, zur Ruhe zu kommen?
» Was kannst du tun, um Ruhe zu finden? Es fängt im Kleinen an.
» Probier es diese Woche aus und beobachte, wie du immer wieder Ruhemomente gestalten kannst.

WOCHE 9

Ausatmen

9

In der 12. und 13. Klasse hatte ich einen Deutschlehrer, der jede Stunde mit einem besonderen Ritual begann: einer Minute Stille. Wir saßen auf unseren Stühlen, waren still und achteten eine Minute einfach auf unseren eigenen Atem.

Einatmen.
Ausatmen.
Und von vorne.

Was uns zuerst komisch vorkam, wurde schnell zur besten Zeit des Schultags. Wir begannen, uns auf diese eine Minute Ruhe zu freuen. Einfach mal nichts tun. Einfach nur da sein. Einfach nur auf den Atem achten, der uns durch den Tag bringt. Diesen Atem, der uns zeigt, dass wir lebendig sind. Durch das Ein- und Ausatmen konnte ich der Welt zeigen, dass ich lebte und mich jeden Tag den Herausforderungen stellen würde, die mir vor die Füße geworfen wurden.

Auch wenn wir nicht mehr zur Schule gehen, können wir diesen Moment der Stille gut gebrauchen. Das Leben ist oft derart verplant und voller Herausforderungen, dass es sich wie ein Dauerrennen anfühlt. Wir brauchen diesen PAUSE-Knopf, diesen kurzen Moment der Ruhe.

Wir atmen aus und lassen die Dinge los, die uns zu schaffen machen und die wir allein nicht mehr bewältigen können. So wie der Atem unseren Mund verlässt, spüren wir, wie uns eine Last von den Schultern fällt.

Wir atmen frische Luft ein und erhalten eine neue Perspektive. Wir erfahren Inspiration und Vision. Wir atmen und zeigen der Welt, dass wir lebendig sind. Dass wir weitergehen werden. Dass wir uns den großen und kleinen Herausforderungen stellen werden, die uns das Leben vor die Füße wirft.

WEITERDENKEN

» So, wie mein Deutschlehrer mich damals herausgefordert hat, fordere ich nun dich heraus: Nimm dir diese Woche jeden Tag eine Minute Stille. Sei es morgens nach dem Aufwachen, in der Mittagspause oder beim Kaffee zwischendurch. Sei es am Esstisch mit deinen Kindern, beim Arbeiten mit Kollegen oder bei einem Spaziergang. Eine Minute Stille. Atme ein und aus, achte auf deinen Atem.
» Notiere dir deine Gedanken und Beobachtungen während der Woche.

WOCHE 10

Alles ist Gnade

10

In einer Gesellschaft, die auf harte Arbeit, Erfolg und Selbstverwirklichung ausgerichtet ist, taucht das kleine Wort *Gnade* nur selten auf. Wir sind Menschen, die Dinge selbst anpacken, wir haben eine gute Ausbildung genossen, wir arbeiten hart und bringen Geld nach Hause. Wir wissen, was wir wollen, und wir jagen diesem Ziel mit aller Kraft nach. Wir knüpfen Beziehungen und leben glücklich zusammen. Wir wissen, was heute passiert und wie genau unsere Zukunft einmal aussehen soll. Wir haben alles im Griff. Wir brauchen keine Gnade.

Damit liegen wir falsch.

Die Tatsache, dass ich heute Morgen meine Augen aufgeschlagen habe, dass ich atme, dass ich meine Finger bewegen kann, um diese Gedanken in Worten aufzuschreiben – das ist Gnade.

Der Trost, den ich von Menschen um mich herum erfahre, das Dach über meinem Kopf, der Überfluss an Essen sowie Geld und alles andere in meinem Leben – das ist Gnade.

Das Gefühl von Sicherheit, das mich zur Ruhe bringt, weil ich weiß, dass meine Zukunft in guten Händen liegt und nichts (wirklich nichts!), was ich tue oder nicht tue, Gottes Liebe und Segen für mich verändert – das ist Gnade.

Mein Leben ist aus Gnade entstanden und durch Gnade bereichert. Es gibt keinen Bereich meines Lebens, der nicht von Gnade durchzogen ist.

Ich kann nichts dagegen tun, dass diese Gnade in mein Leben hineinströmt. Keine Errungenschaften, kein Versagen, keine harte Arbeit, keine Beziehungen werden sie daran hindern.

Wir brauchen Gnade. Und mehr noch, wir brauchen den Geber dieser Gnade. Ihn, den Geber der wahrhaft wunderbaren Gnade. Er hat vor langer Zeit die Tür für die Gnade geöffnet, und keine Macht der Welt kann sie jemals wieder zumachen.

WEITERDENKEN

» Was hast du heute schon alles gemacht? Schreib alles auf, wo du heute bereits Gnade erfahren hast. Gib Gott deinen Dank dafür zurück.

» Welche Dinge hältst du oft für selbstverständlich?

WOCHE 11

Wahrnehmen

11

Ich habe ein Hobby, für das ich mir oft zu wenig Zeit nehme. Aber wenn ich es dann doch tue, ist es immer sehr interessant und erfüllend. Ich liebe es, Menschen zu beobachten.

Nach einem vollen Tag mit Einkaufen und durch die Stadt Schlendern ist es schön, sich hinzusetzen, einen Kaffee zu trinken und Menschen zu beobachten.

Vor ein paar Wochen habe ich mich mit einer Freundin getroffen und wir saßen zwei Stunden einfach nur da und beobachteten. Wir waren in einer neuen Stadt, aber auch in der vertrauten Umgebung kann man viel entdecken. Es sind so viele Menschen auf den Straßen, die man noch nie gesehen hat. Auch wenn man jeden Tag auf den Straßen unterwegs wäre, würde man doch nie alle Bewohner in der Stadt sehen!

Es gibt Singles. Paare, die Händchen halten. Frauen, die ihre Männer von Laden zu Laden schleppen. Kinder, die ihre Nasen an den Schaufenstern mit Spielsachen und Süßigkeiten platt drücken. Ältere Paare, die alles etwas langsamer angehen lassen. Drei ältere Ladys, die sich einen Tag in der Stadt gönnen und ausgelassen lachen, als ob sie wieder 22 Jahre alt wären.

Man nimmt so viele Dinge wahr, wenn man sich zugesteht, mal für eine Weile stillzustehen.

Jeder dieser Menschen hat eine Geschichte, es steckt ein Leben hinter diesem Moment, in den ich nur einen kleinen Einblick bekomme.

Diese Einblicke sind manchmal überwältigend, wenn ich mir

vorstelle, wie diese Menschen leben, was sie heute hierher gebracht hat, was sie fühlen.

Ich muss an meinen himmlischen Vater denken, der über sich selbst sagt, dass er jeden und alles wahrnimmt. Er sieht mehr als nur einen Moment. **Er sieht dein ganzes Leben, deine tiefsten Gefühle, deine ganze Geschichte.** Und deine Geschichte ist ihm unglaublich wichtig.

WEITERDENKEN

» Mach es praktisch: Nimm dir diese Woche eine Stunde (oder auch mehr) Zeit. Setz dich in ein Café und beobachte die Leute, die vorbeilaufen.
» Schreib auf, was du beobachtest. Wenn es dir eher liegt, male Skizzen von den Passanten. Überlege dir, was hinter diesen Menschen stecken könnte.
» Bete für diese Menschen und segne sie, auch wenn du sie gar nicht kennst.
» Was sehen Menschen von dir, wenn sie dich beobachten? Welche Teile der Geschichte gehen oft unter?

LAUT DENKEN

»ZWEIFELN IST WICHTIG.«

WOCHE 12

Zweifeln

12

Ich muss zugeben, dass ich Zweifel habe. Viele Zweifel.

Oft werden Zweifel mit negativen Dingen in Verbindung gebracht. Zweifel sind etwas, das man nicht haben sollte, vor allem nicht als Christ. Und trotzdem zweifle ich. Ich stelle Fragen. Ich denke nach.

Ich zweifle, ob der Tag sonnig wird, wenn der Morgen ganz dunkel und wolkenverhangen ist.

Ich zweifle daran, dass eine Freundschaft wieder in Ordnung kommt.

Ich zweifle an der Ehrlichkeit mancher Leute.

Ich zweifle an meinen eigenen Fähigkeiten, wenn Aufgaben zu anspruchsvoll und überwältigend erscheinen.

Ich zweifle daran, dass anstrengende Situationen jemals ein Ende finden werden.

Ich sehe Freunde und Familie, die es schwer im Leben haben, ja wirklich kämpfen müssen, und ich kann nur fragen: Warum?

Ich beobachte, was in der Welt passiert – Krieg, Verlust, Kampf, Hunger, Armut – und ich kann nicht anders als daran zu zweifeln, dass es trotz allem einen großen, guten Plan hinter allem gibt. Ich zweifle, dass alles zu einem guten Ende kommen wird.

Wahrscheinlich trägt jeder von uns Zweifel mit sich herum. Diese unbeantworteten Fragen, die im Hintergrund lauern und sich ab und zu in unsere Gedanken schleichen.

Zweifeln ist wichtig. Wir wachsen, wenn wir nachdenken und Fragen stellen. Wenn wir nicht alles als gegeben akzeptieren, sondern immer bereit sind, tiefer zu graben.

Letztlich ist es wichtig, was wir mit unseren Zweifeln machen. Bleiben wir beim *Status quo* stehen oder unternehmen wir etwas? Bringen wir unsere Fragen und Zweifel mit? Wo bringen wir sie hin? Der Realist sagt: »Ich bezweifle, dass es funktionieren wird, deswegen versuche ich es erst gar nicht.« Der Glaubende sagt: »Ich habe Zweifel. Aber ich glaube auch an jemanden, der größer und stärker und allwissender ist, als ich es jemals sein könnte. An jemanden, der sagt: ›Mit mir ist nichts unmöglich.‹[3] Also versuche ich es.«

WEITERDENKEN

» Woran zweifelst du häufig?
» Welche Erfahrungen hast du mit Zweifeln gemacht?
» Wie gehst du mit deinen Zweifeln um?
» Sei mutig und teile deine Zweifel mit anderen. Nicht, um immer gleich Antworten zu erhalten, sondern um sich gemeinsam auf den Weg zu machen und füreinander zu glauben.

WOCHE 13

Eine Frage des Wollens

13

Mir scheint es, je älter man wird, desto komplexer werden die Entscheidungen, die man treffen muss. Nein, es geht nicht darum, was wir anziehen oder was wir kochen. Es geht um das echte Leben. Und gerade dabei bemerke ich oft, wie in mir verschiedene Ansprüche aufeinandertreffen. Was ich will, passt nicht immer zu dem, was andere wollen oder was das Leben mir vorgibt. Und nicht immer kann ich meinen Willen durchsetzen.

Viele Entscheidungen sind eine Frage des Wollens. Es geht um den Austausch mit anderen, darum, aufeinander zu hören; zu versuchen, den anderen zu verstehen und auch mal nachzugeben, wenn man merkt, der andere hat mehr Weitblick als man selbst.

Mich beeindruckt die Geschichte eines Mannes, der intensiv darum rang, ob er den Weg, den sein Vater für ihn vorgesehen hatte, auch wirklich gehen sollte. Nach einigen Jahren Vollzeitdienst und allerlei vollbrachten Wundern merkt der Sohn, dass er nun in die entscheidende Phase seines Lebens eintritt. Doch der nächste Schritt, der Gang ans Kreuz, scheint erst einmal zu viel für ihn zu sein. Er ringt mit sich und mit seinem himmlischen Vater und dem, was dieser für ihn möchte. Es gibt Schweiß und Tränen. Und viel Ehrlichkeit. Aber am Ende steht das leise Flüstern: »Dein Wille soll geschehen. Dein Wille, Vater.«

In den Entscheidungskämpfen meines Lebens höre ich beide Seiten. Da ist mein eigener Wille mit all seinen rationalen und logischen Argumenten. Aber da ist auch ein tiefer Friede, der wie eine Welle in meine Seele hineinflutet, wenn er seinen Willen in mein Herz hineinlegt.

Ich will lernen, seinem Willen zu folgen. Ich will lernen, leise zu flüstern: »Dein Wille soll geschehen. Dein Wille, Vater.«

WEITERDENKEN

» Lies Matthäus 26,36-46. Notiere dir, wie Jesus sich hier fühlt und wie er mit seinem Vater darüber redet.
» Welche Willenskonflikte erlebst du in deinem Glauben? Wie redest du mit Gott darüber?
» Welche Ansprüche hast du an dein Leben und deinen Glauben?
» Welche Erwartungen stellen andere an dich?
» Übe dich darin, mit Gott auch über Konflikte zu sprechen und nicht nachzulassen, bis der Friede bei dir einzieht.

WOCHE 14

Wenn das Leben in Scherben liegt

14

Stell dir ein Glas vor. Wunderschön geformt, vielleicht mit Gravur oder Muster. Eine glatte Oberfläche aus kostbarem Material. So etwas berührt oder benutzt man gern.

Aber es fehlt etwas. Es ist kein Licht in diesem Glas.

Wenn du eine Kerze hineinstellen würdest, sähe man nicht viel durch die wunderbar dichte Oberfläche. Egal, wie schön das Äußere ist – das Innere spiegelt es nicht wider.

Stell dir vor, das Glas fällt vom Tisch. Es zerspringt in tausend kleine Teile. Schönheit ist auf dem Boden verteilt, bis in die Ecken hinein, zerfallen zu Einzelteilen.

Aber siehst du die Hand, die diese Teile wieder aufhebt? Die Augen, die vorsichtig nach jedem einzelnen Teil suchen, egal, wie weit es gefallen ist? Fühlst du die Berührung des Meisters, der die Teile liebevoll wieder zusammensetzt?

Schau dir das Glas jetzt an. Stell dir vor, wie es wieder zusammengesetzt wurde. Die glatte Oberfläche ist verschwunden, das Material sieht rau aus. Die ursprüngliche Schönheit ist ersetzt worden durch atemberaubenden Glanz, der von innen kommt. **Das Licht, das so lange verborgen war, dringt nun mit voller Kraft durch die Risse und Bruchstellen.** Durch die Hände des Meisters können diese Scherben das Wunderbare widerspiegeln, das im Innern steckt.

Erlauben wir dem Meister, unsere Scherben zu gebrauchen, damit sich darin seine Schönheit spiegelt?

WEITERDENKEN

» Mach für einen Moment die Augen zu und stell dir die geschilderte Szene vor. Welche Gedanken kommen dir in den Sinn?

» Wo hast du in deinem Leben Zerbruch erlebt? Wie bist du damit umgegangen?

» Hast du schon mal erlebt, wie Gott die Scherben in deinem Leben aufgesammelt und zu etwas wunderbar Neuem zusammengesetzt hat? Erinnere dich an die Zeiten, in denen Gott dir Heilung geschenkt hat.

» Gott freut sich, wenn wir ihm unsere Scherben hinhalten und ihn um Wiederherstellung bitten. Probier es doch mal ganz konkret aus. Mit Gott darf man ehrlich sein.

WOCHE 15

Auferstehung

15

Ostern.

Der Tod hat nicht das letzte Wort.
Der Triumph des Lichts über die Finsternis.
Das Geschenk des Lebens und der Auferstehung.

Wir stehen nun vor der Herausforderung, die Ostererfahrung in unseren Alltag zu übersetzen. **Was ist an diesem Ostermorgen passiert, das unser gewöhnliches Leben durchdringen soll?**

Jesus hat es ein für alle Mal vollbracht: Er hat den Tod besiegt. Aber er hat schon vorher angekündigt, dass trotz allem Herausforderungen bleiben. Er hat sie lange vor uns bereits durchlebt. Er war auf dieser Erde unterwegs und unterhielt sich mit Menschen. Er beobachtete ihre Probleme, half in ihren Nöten, teilte ihr Leben. Er durchlebte all die Schwierigkeiten, die auch heute noch überall in der Welt zu finden sind, und er hat sie besiegt. Er hat sich mit dieser Welt eins gemacht. Er ist Teil unserer Hoffnung, unserer Kämpfe, unserer Herzen, unserer Leben geworden. Und inmitten unserer Dunkelheit spricht er Worte, die Leben bringen: Ich bin hier. Hier bei dir. Für dich.

Auch jetzt, viele Jahre später, gibt es viele Herausforderungen. Wer aufmerksam die Nachrichten liest, kann leicht überwältigt werden. Aber auch wer einfach Leuten zuhört, E-Mails von Freunden liest oder sich mit ihnen auf einen Kaffee trifft, spürt schnell etwas von den großen Nöten, die uns umgeben. Wir müssen wahrscheinlich nur in uns selbst hineinhören, um die Schwere zu erleben, die uns so oft zu erdrücken droht. Zu viel zu verarbeiten und kein Ausweg. Schau in das Gesicht eines Fremden und du siehst es: Probleme. Schau in den Spiegel und du bemerkst es: Zerstörte Hoffnung. Verzweiflung. Mehr Tod als Leben.

Doch wir haben die Möglichkeit, Ostern zurück ins Leben und in den Alltag zu bringen.

Wir sind dazu berufen, Leben in scheinbar tote Situationen hineinzusprechen. Wir haben keine magischen Kräfte, aber wir haben uns selbst und Gottes Geist, der in uns wohnt. Wir haben Zeit, die wir anderen geben können, wenn wir ihnen zuhören. Wir haben offene Hände, mit denen wir anderen aufhelfen können. Wir haben kraftvolle Geschichten zu erzählen. Wir haben Leben zu teilen, die von Narben gezeichnet sind. Wir haben einfache Worte: Ich bin hier. Hier bei dir. Für dich.

WEITERDENKEN

» Wie sieht das Leben in dir und um dich herum aus?
» Welchen Herausforderungen begegnest du?
» Wo kannst du konkret Auferstehung in deinem Umfeld leben?

WOCHE 16

Das Gute am Schwachsein

16

Manchmal fühle ich mich richtig stark.

Wenn alles rund läuft und ich meine Aufgaben leicht erledigen kann. Ich kann Dinge abhaken und fühle mich erfüllt. Wenn meine Beziehungen intakt sind und ich mich angenommen fühle. Es ist ein Geben und Nehmen, es ist eine Bereicherung. Wenn ich mit meinem Einsatz und Wissen etwas verändern kann. Ich kann den Unterschied beobachten, den mein Handeln macht.

Es ist gut zu sehen, wie Menschen wachsen, Aufgaben erledigt werden und Dinge sich verändern.

Aber was ist mit all den Momenten, in denen scheinbar gar nichts rundläuft? Wenn alles scheitert, was ich anfange? Wenn Freunde gehen und ich allein zurückbleibe? Wenn alle Investition fruchtlos ist und alles beim Alten bleibt?

Meine Stärke ist am Ende, in Sekundenschnelle ist sie einfach verschwunden. Ich bin nicht stark. Sehr oft fühle ich mich schwach, einfach nur schwach.

In solchen Momenten muss ich mich daran erinnern, dass es nicht unbedingt schlecht ist, sich schwach zu fühlen.

Zerbrochenheit kann ein Geschenk sein.

Momente der Schwachheit führen mich zu dem, der wirklich stark ist. Mächtig genug, alles zu tun und jeden zu verändern.

Solche Tage lassen mich zu ihm aufsehen und mich an seiner Stärke erfreuen, anstatt meine eigenen erbärmlichen Tapferkeitsversuche zu loben. **Er hebt mich mit seinen starken Armen hoch,** setzt mich auf seine Schultern und gewährt mir einen Einblick in das, was seine Stärke für mich und andere heute tun will. Wenn ich ihn lasse.

Herr, heute bin ich schwach.
Kannst du mich hochheben?

WEITERDENKEN

» Notiere dir Momente in deinem Leben, in denen du dich schwach fühlst. Wie gehst du mit diesen Schwächen um? In welchen Momenten fühlst du dich stark?
» Beginne schwache Momente diese Woche mit Gott, der dich hochheben will. Notiere, wie es dir damit ergeht.

WOCHE 17

Der lange Weg des Vertrauens

17

Ich habe Höhenangst. Meistens überwinde ich mich trotzdem, Berge zu besteigen, denn der Ausblick vom Gipfel entschädigt für die Angst davor. Aber sobald ich den sicheren Boden verlassen und nur einem Seil vertrauen soll, bricht bei mir Panik aus. Ich vertraue nicht darauf, dass alles gut ausgeht, dass das Seil mich halten wird, dass meine Kraft ausreicht, dass der Ausblick sich wirklich lohnt. So bleibe ich oft auf dem Boden und schaue anderen beim Klettern zu.

Vertrauen ist keine einfache Sache. Viele Herausforderungen des Alltags sind im Kern eine Frage des Vertrauens.

Wir vertrauen nicht darauf, dass unser Geld wirklich ausreicht. Deshalb schuften wir mehr, als wir können, und ignorieren, dass wir längst am Ende unserer Kräfte sind. Wir vertrauen nicht darauf, dass unsere Freunde uns trotz aller Schwachheit wertschätzen und geben deshalb mehr als wir können, bis wir irgendwann leer und ausgebrannt sind. Wir vertrauen nicht darauf, dass Gott wirklich gut ist und das Beste für unser Leben im Sinn hat. Deshalb werden wir krank vor Sorgen und nehmen Dinge lieber selbst in die Hand anstatt bei ihm inneren Frieden zu finden. Wir vertrauen uns selbst nicht, unseren Stärken und Talenten, deshalb haschen wir nach Wind und verpassen die Schönheit des Augenblicks.

Vertrauen ist keine einfache Sache und entsteht nicht von einem Moment auf den anderen. Vertrauen ist ein Prozess und beginnt mit einer kleinen Entscheidung.
Jeden Tag.

Am Anfang steht ein »Ich vertraue dir« zu dem, der immer vertrauenswürdig ist. Wenn wir JA zu ihm sagen, nimmt er uns mit auf eine wunderbare Reise.

WEITERDENKEN

» Wem und was vertraust du?

» Wo fällt es dir schwer, Menschen und Dingen zu vertrauen?

» Nimm dir ein paar kleine Dinge vor und übe darin Vertrauen. Lies z.B. Psalm 37,5 und lerne den Vers auswendig. Geh mit dem Vers durch die Woche und schreibe deine Erfahrungen damit auf.

WOCHE 18

Trau dich

18

»Mama, ich mag den Käse auf der Pizza nicht.«
»Du musst ihn trotzdem essen.«
»Ich will den Käse nicht essen, ich mag keinen Käse.«
»Warum magst du keinen Käse?«
»Keine Ahnung, ich habe ihn noch nie probiert.«
»Siehst du, du hast ihn ja noch nicht mal probiert. Wie dem auch sei, du stehst nicht eher vom Tisch auf, als dass du den Käse gegessen hast!«

Heute ist Käse eine meiner Lieblingszutaten auf der Pizza.

Erinnerst du dich an ähnliche Szenen am Esstisch, als du jünger warst? Als Elternteil erlebst du vielleicht ähnliche Kämpfe mit deinen Kindern. Es ist immer wieder das Gleiche: Ein Kind hat etwas noch nie probiert und weiß daher nicht, wie viel es verpasst.

Heute führe ich manchmal ähnliche Streitgespräche mit Gott. Ich mag die Aufgaben nicht, die er mir gibt, die Leute, mit denen ich in Kontakt komme, die Herausforderungen, die mich wachsen lassen. **Ich will hierbleiben, genau hier, hier in meiner Komfortzone.** Also sitze ich am Tisch, starre sein Angebot an und warte.

Wir werden allerdings nie wissen, wie gut der »Käse« da draußen ist, wenn wir es nicht versuchen. Wir werden nie Freiheit erleben, wenn wir nicht bereit sind, alte Zwänge zurückzulassen. **Wir werden nie neue, tiefe Intimität erleben, wenn wir nicht den Mut haben, uns in einer Beziehung zu öffnen.** Wir werden nie neue Freunde kennenlernen, wenn wir nicht ab und zu unsere gewohnten vier Wände verlassen. Wir werden nie mehr von dieser

Welt sehen, wenn wir nicht bereit sind, aus unserem beschränkten Radius auszubrechen. Wir werden nie Wachstum in unserem Leben sehen, wenn wir nicht die Herausforderungen annehmen, die uns dorthin bringen. **Wir werden nie den wunderbaren Blick von der Spitze genießen können, wenn wir es nicht wagen, den Berg zu erklimmen.** Wir werden nie die starke Hand unseres himmlischen Vaters spüren, die uns auf seine Schultern hinaufhebt und sagt »Komm, mein Kind, wir trauen uns zusammen«, wenn wir uns nicht dazu entscheiden loszulassen und im Streit mit ihm nachgeben. Immer und immer wieder.

WEITERDENKEN

» Welche Streitgespräche führst du mit deinen Kindern, deinen Eltern, Gott?
» Wann bist du das sture Kind, das nicht bereit ist, Neues auszuprobieren?
» In welchen Bereichen fällt es dir schwer, neue Dinge zu versuchen und dich selbst herauszufordern?
» Welche Dinge möchtest du konkret ausprobieren, wo möchtest du ausbrechen und wachsen?
» Trau dich! Probier Essen, das du bisher noch nicht kanntest. Bestell blind von der Speisekarte oder lass andere für dich bestellen.
» Geh spazieren und probier einen neuen Weg aus. Nimm jemanden mit und erlebt gemeinsam Neues.

AUFMERKSAM
WERDEN

»JEDER MORGEN IST
EINE EINLADUNG.«

WOCHE 19

Aufbruch zu Neuem

19

Jedes Jahr kann man das gleiche Phänomen bestaunen: Es wird Frühling.

Wenn ich durch die Straßen laufe, sehe ich, wie an vorher kahlen Ästen kleine Blätter wachsen. Kleine Knospen blühen auf und große Blüten strahlen in tausend Farben um die Wette. Ein sanfter Blumenduft liegt in der Luft, es riecht süß und frisch. Eine Explosion von Schönheit.

Ich liebe den Frühling. Der lange Winter ist vorbei. Der Frühling kündigt die baldige Ankunft des Sommers an.

Siehe, ich schaffe etwas Neues.
Es hat bereits begonnen, siehst du es nicht?[4]

Wir bestaunen die Schönheit des Frühlings, aber wo kommt diese Schönheit her? Und wo versteckt sie sich, während wir uns durch den Winter kämpfen? Im Winter scheint es, als ob Wachstum und Schönheit einfach aufhörten.

Im Winter unseres Lebens ist es schwer, weiter als bis zum nächsten Tag oder dem nächsten Monat zu sehen. Wenn das Leben uns herumschleudert, kann es eine große Herausforderung sein, trotzdem zu hoffen und zu glauben. Wenn alles eintönig erscheint und wir in Enttäuschung und Verzweiflung versinken, haben wir oft kein Auge für Schönheit und Wachstum. Der Winter mag für jeden von uns anders aussehen, aber wir alle kennen Situationen, in denen uns Schönheit und Wachstum verborgen bleiben.

Und gerade deswegen bin ich dankbar für den Frühling, er ist wie eine Erinnerung Gottes. Jeden Tag neu. **Der Winter und die Warterei sind vorbei, aber sie waren nicht ohne Grund.** In den Monaten der Kälte und des Absterbens gab es auch Momente der Vorbereitung und Wiedergeburt. Die Blüten, die wir jetzt sehen und bewundern, wurden mitten im Winter geformt, als alles hoffnungslos schien. Aus der Dunkelheit erwuchs neues Licht, neue Hoffnung. Scheinbar unsichtbares Wachstum kommt nun an die Oberfläche und entwickelt sich zu wahrer Pracht.

Möge es auch bei uns Frühling werden.

Auch wenn wir noch mit dem letzten Aufbäumen des Winters kämpfen, lasst uns nach versteckter Schönheit und Wachstum Ausschau halten, die schon bald aufblühen werden. Alles ist bereits angelegt, also lasst uns das Neue um uns herum finden.

Gott schafft etwas Neues, er bereitet einen Weg in der Wildnis und Wasserströme in der Wüste. Er arbeitet manchmal im Verborgenen, aber Wachstum und Schönheit finden durch ihn ihren Weg an die Oberfläche.

WEITERDENKEN

» Wo ist bei dir noch Winter? Welche Gedanken und Gefühle gehen dir dabei durch den Kopf?
» Wo wünschst du dir Frühling im Leben?
» Lies Jesaja 35,4-10 und schreib auf, was passiert, wenn Gott die Wüste zum Leben erweckt. Wie könnte dieses neue Leben bei dir persönlich aussehen?
» Nimm eine Kamera und suche den Frühling. Stell dir frische Blumen auf den Tisch.

WOCHE 20

Der Zauber des Morgens

20

Ich bin ein Morgenmensch.

Irgendwann habe ich mir angewöhnt, früh aufzustehen und die frühen Stunden wertzuschätzen. Oft bekomme ich einen wunderschönen Sonnenaufgang geschenkt, der mich daran erinnert, dass das Heute ein Geschenk ist. Ein ganzer Tag voll von Gottes Gnade. Um die Mittagszeit kann ich entspannt zurückschauen, was ich schon alles erledigt habe.

Morgens liegt etwas Besonderes in der Luft. Es sind heilige Momente. Momente mit einer besonderen Spannung. Jeder Morgen bringt eine gewisse Erwartung mit sich. Ein ganzer Tag mit so vielen Stunden, die gefüllt werden dürfen, liegt vor mir. Was werde ich mit diesen Stunden tun?

Natürlich muss ich Arbeit erledigen. Aber es soll immer Zeit bleiben, Freunde zu treffen, mit einem Kollegen zu sprechen oder zu kochen. Der Morgen ist der Anfang eines neuen Tages und ich bin gespannt, wie er sich entwickeln wird.

Aber jeder Morgen bringt auch eine gewisse Angst mit sich. So viele Stunden kostbarer Zeit liegen vor mir. Was ist, wenn ich sie verschwende? Was ist, wenn ich am Ende des Tages zurückschaue und nichts geschafft habe? Wir können einen Tag nicht zurückspulen, wir können ihn auch nicht überspringen, wir können ihn nur durchleben.

Vor allem aber ist jeder Morgen eine Einladung.

Mach Pläne für den Tag, aber sei bereit, sie verändern zu lassen.
Durch einen verpassten Bus.
Durch einen Freund, der mit dir reden möchte.

Durch ein Projekt, das deine Aufmerksamkeit erfordert.
Durch Gott, der etwas Besseres für dich im Sinn hat.
Heiße Spontanität in deinem Leben willkommen.
Und lade Gott ein, heute mit dir durch den Tag zu gehen.

WEITERDENKEN

» Wie sieht dein Start in den Tag aus?
» Wie füllst du deine Stunden?
» Mach dir Pläne und lass zu, dass sie verändert werden. Welche spontanen Dinge erlebst du diese Woche und was bewegen sie in dir?
» Stell dir den Wecker diese Woche eine Stunde früher. Was hörst du, fühlst du, erlebst du? Welche Dinge nimmst du anders oder ganz neu wahr?

WOCHE 21

Er hält meine ganze Welt in seiner Hand

21

Manchmal habe ich an der Bushaltestelle eine Erkenntnis.

Mein Tag ist durchgetaktet, es darf nichts schiefgehen. Noch bevor der Tag wirklich losgeht, bemerke ich eine innerliche Anspannung.

Unser Leben ist bereits voll, aber wir machen es vielleicht noch komplizierter, weil wir den Stimmen in uns zuhören, die uns eine Lüge zuflüstern, die lautet: Diese nächste Entscheidung wird *alles* verändern? Aber tut sie das wirklich?

Wenn du diesen Bus verpasst, ist der ganze Tag im Eimer. Wenn du heute die falschen Klamotten anziehst, werden dich alle komisch anstarren. Wenn du dich für diesen Beruf entscheidest, verpasst du alle anderen Möglichkeiten. Wenn du nicht bald heiratest, wirst du als alte Jungfer sterben. Wenn du morgens nicht betest, wirst du heute keinen Segen erleben.

Es scheint, als ob unsere ganze Welt an dieser einen kleinen Entscheidung hängt. Aber tut sie das wirklich?

So vieles in dieser Welt ist nicht in Ordnung. Es gibt so viel Zerbrochenheit und Verzweiflung um uns herum. So viele offene Fragen und eine unsichere Zukunft. Die Welt schreit nach Entscheidungen, stellt uns so oft vor die Wahl. **Und je mehr ich entscheiden muss, desto leiser werde ich.**

Ich habe plötzlich das alte Kinderlied im Ohr: *Er hält die ganze Welt in seiner Hand.*[5] Was für eine ungewöhnliche Antwort auf all unsere Fragen und Entscheidungen!

Ja, ich muss immer noch Entscheidungen treffen. Ja, es wird sich nicht alles von selbst regeln. Und es wird sicher nicht alles nach meinem Willen passieren. Aber dennoch verändern diese Hände, die mich halten, alles von Grund auf.

Egal, was ich heute Morgen frühstücke, egal, ob ich den Bus verpasse oder nicht, egal, welchen Beruf ich ausübe, egal, wie dunkel die Nachrichten der Welt sind: Er hat die ganze Welt – meine Welt – in seiner Hand. **Und ich möchte glauben, dass nichts an meinem himmlischen Vater vorbeigeht, das er nicht sieht, um das er sich nicht kümmert, das er nicht in der Hand hält.**

WEITERDENKEN

» In welchen Situationen hast du Angst, Entscheidungen zu treffen?

» Höre in dich hinein: Welche Stimmen hörst du in dir drin? Was erzählen sie? Schreib deine Gedanken auf und streiche die Lügen bewusst durch.

» Mach diese Woche etwas »außer Plan«: Nimm einen späteren Bus, schlaf aus, triff eine Bauchentscheidung. Welche Folgen hat das für dich?

» Werde kreativ: Hör dir das Kinderlied »Er hält die ganze Welt« an und male ein Bild von deiner Welt in Gottes Händen.
Hier findest du ein Video des Kinderliedes:
https://www.youtube.com/watch?v=UBFbA7cNN_M

WOCHE 22

Gottes Erinnerungshilfen

22

Manchmal macht es mich traurig zu sehen, wie sich manche Beziehungen in den letzten Jahren verändert haben. Als ich anfing zu arbeiten, habe ich offen gesagt: »Nimm es nicht persönlich, wenn ich mich mehrere Monate nicht melde, ich muss mich erst mal an diese neue Phase gewöhnen. Es fühlt sich ein bisschen so an, als wäre eine Bombe eingeschlagen und ich weiß nicht, wann ich aus diesem Loch wieder herauskomme.«

Wenn man sich an eine neue Kultur, Lebensphase und einen neuen Rhythmus gewöhnen muss, bleibt oft wenig Zeit für anderes. Und so fühlen sich manche Freunde vielleicht vergessen. Auch ich fühle mich manchmal vergessen, wenn ich außer Arbeit und Stress nicht viel anderes sehe.

Als ich vor Kurzem um sechs Uhr morgens zum Bus ging, bekam ich eine Nachricht von meiner Mutter: *Wie geht's dir? Ich wollte dir nur einen guten Arbeitstag wünschen, du wirst es gut meistern. Hab dich lieb.* Nicht viele Worte, aber sie haben meinen Tag so viel besser gemacht. Sie haben mich angefeuert und aufgebaut. Sie haben mich daran erinnert, dass ich nicht vergessen bin.

Das Leben will uns so oft einreden, dass wir vergessen sind. Dass sich niemand wirklich um uns kümmert. Dass wir nur kleine unbedeutende Menschen sind.

Aber der Gott, der uns kleine Menschen geschaffen hat, kümmert sich um uns. Er kümmert sich so sehr, dass er uns jeden Tag »Nachrichten« schickt, um uns daran zu erinnern: Einen wunderschönen Sonnenaufgang. Ein Blumenbeet, das in voller Farbenpracht leuchtet. Ein gutes Gespräch mit einer Freundin, wenn man einfach mal reden muss. Eine Schulter zum Anlehnen. Ein Lied mit dem richtigen Text im richtigen Moment. Ein paar Worte, die deinen ganzen Tag auf den Kopf stellen können.

Du bist nicht vergessen. Der Schöpfer des Himmels und der Erde sieht jede deiner Bewegungen, jeden Atemzug, und weißt du was: Er freut sich über dich.

WEITERDENKEN

- Wann fühlst du dich vergessen?
- Wie reagierst du auf Einsamkeit?
- Schicke diese Woche jemandem eine Nachricht mit ermutigenden Worten.
- Schärfe deinen Blick für die »Nachrichten« Gottes: Notiere dir Erlebnisse und Beobachtungen, wo du Gottes Liebe und Ermutigung wiederentdeckst.

WOCHE 23

Perspektivenwechsel

23

Ferien.

So viele Wochen ohne Schule, ohne Schüler, ohne Kollegen.
So viele Wochen ohne Korrekturen und Vorbereitungen.
Ein paar Wochen Ruhe.
Ich sollte glücklich sein.

Ich bin nicht glücklich.

Kennst du dieses Gefühl am Anfang eines Urlaubs? **Du hast frei und musst nichts tun – aber ein Gefühl der Ruhe und der Entspannung stellt sich trotzdem nicht ein.** Du bist nicht glücklich.

Statt Ruhe und Dankbarkeit sehe ich eine unsichere Zukunft, ungelöste Probleme, offene Fragen. Statt Lasten loszulassen spüre ich, wie die Angst langsam durch meinen Körper wandert, bis sie sich in meiner Seele festgesetzt hat und mich nachts wachhält, wenn ich mir um alles und nichts Sorgen mache.

»*Sei dankbar in allen Dingen.*«[6] Dieses sanfte Flüstern klingt in meiner Verzweiflung wie blanker Hohn. »*Sei dankbar in allen Dingen.*«

Ich beschwere mich bei Freunden, wie erschöpft und verängstigt ich bin, wie viele Fragezeichen sich in meinem Leben auftun. Sie erinnern mich an all die Situationen, in denen ich bereits Antworten erhalten habe.

Danke, dass ich eine Arbeitsstelle habe, und eine gute noch dazu.
Danke für Freunde, die mich ermutigen.
Danke, dass ich Zeit zum Schlafen und Ausruhen habe.
Danke für den Sonnenschein, der mein Gesicht wärmt.
Danke für den Geruch von frisch gemähtem Gras.
Danke, dass ich jeden Tag an einem gedeckten Tisch sitze.
Danke für deine Treue.

Danke für all deine Geschenke.

Je mehr ich aufzähle und meinen Dank ausspreche, desto mehr bemerke ich einen Unterschied. **Meine Gedanken wandern von allem, was fehlt, hin zu allem, was bereits da ist.** Mein Blick verändert sich. Meine Seele lässt den Stress los und findet Ruhe. Mein Herz wird von Licht durchflutet, dem die Angst nicht standhalten kann. Freude kommt zurück.

WEITERDENKEN

» Wann fällt es dir schwer, glücklich zu sein?
» Untersuche deine Perspektive – siehst du eher den Mangel oder die Fülle an Gutem? Schreib Mangel und Fülle auf. Sei dankbar für alles, was du bereits hast.

WOCHE 24

Dankbarkeit und Wunder

24

Ein Freund erzählte mir von folgendem »Experiment«: Jeden Tag steckst du dir ein paar Bohnen in die linke Hosentasche. Immer wenn du etwas erlebst, für das du dankbar sein kannst, steckst du eine Bohne in die rechte Hosentasche. Am Abend leerst du die rechte Hosentasche und zählst die Bohnen.

Zähl die Gnadengeschenke und sei dankbar für all die kleinen Dinge, die du heute erleben durftest.

Ich muss zugeben, ich habe dieses Experiment höchstens zwei Tage durchgehalten. Viel zu oft vergesse ich, die Bohnen mitzunehmen. Aber auch die Blickrichtung auf den Tag und seine Geschenke ist oft aus dem Gleichgewicht gekommen.

Worauf achte ich? Was schaue ich an – den Berg Arbeit vor mir? Die vielen Termine im Kalender? Die Konflikte mit anderen Menschen? Die nicht geglückten Aufgaben?

Übe ich mich darin, meine Zeit nicht auf den Stress um mich herum zu verschwenden, sondern stattdessen meinen Blick auf die vielen Gnadengeschenke zwischendurch auszurichten?

Ein bequemes Bett, in dem ich mich am Ende des Tages ausruhen darf. Die Erfindung von Schlaf (das ist wirklich ein Segen!). Der Geruch von Kaffee am Morgen. Die Vögel, die vor meinem Fenster singen. Eine Freundin, die ich zufällig im Bus treffe und die mich für den Tag ermutigt. Die überwältigende Essensauswahl im Supermarkt, sodass ich jeden Tag andere Dinge essen kann.

Meine Familie und Freunde überall auf der Welt, die über E-Mail, SMS oder persönlich so viel Segen in mein Leben bringen.

> »Dank geht dem Wunder voraus.«
>
> ANN VOSKAMP[7]

Schau dich um. Was siehst du?

Achte auf die kleinen Dinge, denn sie bergen oft den größten Segen. Zähle sie und sei dankbar dafür.

WEITERDENKEN

- Was siehst du? Gehe diese Woche mit offenen Augen durch den Tag. Halte Papier und Stift griffbereit und notiere dir, was du siehst. Egal, wie klein die Dinge auch sein mögen.
- Wann fällt es dir besonders schwer, dankbar zu sein?
- Vielleicht ist dir das Experiment mit den Bohnen zu aufwendig. Ann Voskamp schlägt in ihrem Buch *Tausend Geschenke* eine Alternative vor: Sie hat tausend Geschenke aufgeschrieben, die Gott ihr jeden Tag macht, und erlebt, wie sich ihr Blick auf das Leben völlig verändert hat.[8] Bevor wir Wunder und große Dinge erleben, müssen wir dankbar sein. Dank ist der Schlüssel zu wahrem Leben. Warum probierst du das nicht aus diese Woche?

WOCHE 25

Dein Heute

25

Als ich meine erste Arbeitsstelle antrat, quoll mein Briefkasten über mit Post, die nur »richtige« Erwachsene bekommen: Werbung von Versicherungsgesellschaften für Krankenversicherungen, Unfallversicherungen, Hausratsversicherungen, Anlageoptionen in Fonds ... die Liste wurde immer länger. Das ist es also, was Erwachsene machen. Sie kümmern sich um Versicherungen. Sie kümmern sich um die Zukunft. Wir bezeichnen das als »vorsorgen«. Wir kümmern uns im Vorfeld um alle wichtigen Dinge.

Auch wenn ich sehr dankbar für das deutsche Versicherungssystem bin, musste ich schon öfter über dieses Konzept nachdenken, denn »vorsorgen« hat auch eine zweite Bedeutung: sich im Vorfeld über etwas Sorgen machen. Und das ist sicher mehr eine Belastung als eine Bereicherung. Für unsere Zukunft, aber auch schon für unsere Gegenwart.

Wenn wir uns um unsere Zukunft und Sicherheit sorgen, setzen wir unsere Herzen aktiv unter Stress. Unbewusst entscheiden wir uns, in dieser Unsicherheit und Sorge zu leben, weil wir nicht loslassen wollen.

Doch egal, wie sehr wir planen und vorsorgen, wir können diese Welt, unser Leben oder das Verhalten anderer nicht kontrollieren. Wir können gewisse Rahmenbedingungen schaffen, aber dennoch nicht garantieren, dass das Morgen wie geplant ablaufen wird.

Wenn wir uns ständig Sorgen um die Zukunft machen und unsere Gedanken und Herzen auf das Morgen ausrichten, verpassen wir etwas sehr Wichtiges: das Heute. Wir laufen an der Schönheit und Natur von heute vorbei. Wir verpassen gute Gespräche. Wir übersehen wunderbare Menschen, die ihr Leben mit uns teilen wollen. Wir vergessen, uns um uns selbst zu kümmern, weil wir dem Leben hinterherhetzen und Angst haben, etwas zu verpassen. **Wir bleiben heute leer zurück, weil wir den Reichtümern von morgen nachjagen.**

Lass dich auf das Heute ein, mit all seinen Freuden und Herausforderungen. Verpasse nicht den Segen von heute, weil du schon auf morgen wartest. Das Morgen kommt auf jeden Fall, egal, ob du dich darum sorgst oder nicht.

WEITERDENKEN

» Wofür sorgst du in deinem Leben vor? Gibt es dir ein Gefühl von Sicherheit?
» Wann macht dir die Zukunft und all ihre Unsicherheiten eher Angst? Wo kannst du die Sorge um das Morgen nur schwer loslassen?
» Lass dich auf das Heute ein, jeden Tag neu in dieser Woche. Notiere dir jeden Tag, was du erlebt hast, was dich überrascht hat.
» Danke Gott für alles Vorgesehene und vor allem aber für die Überraschungen.
» Gott selbst fordert die Menschen in der Bibel immer wieder dazu auf, sich nicht zu viele Sorgen um das Morgen zu machen, sondern ihm zu vertrauen. Lies dazu 2. Mose 16. Notiere dir, wie Gott versorgt und wie sich die Haltung der Israeliten verändert.

WOCHE 26

Was wir in unserer Ungeduld verpassen

26

Als Teenager habe ich ein paar Jahre in Uganda gelebt. Die Zeit in einer komplett anderen Kultur hat mich so einiges gelehrt, vor allem über die Zeit. Die Uhren ticken anders in Afrika (wenn sie überhaupt funktionieren). Viel Zeit verbringt man mit Warten und noch mehr Warten. Das war eine wichtige Erfahrung für mich.

Menschen, die mich kennen, würden mich wahrscheinlich als geduldige Person beschreiben. Ich kann warten. Aber es gibt Ausnahmen. Wenn ich etwas suchen soll, werde ich schnell ungeduldig. Wie ein kleines Kind, das sein Spielzeug in einem unaufgeräumten Zimmer finden soll, schaue ich einmal nach und sage schnell: »Siehst du? Ich habe gesucht und es nicht gefunden.« Ich bin ungeduldig und ärgerlich. Auf das Spielzeug, das nicht aufzufinden ist. Auf die Welt ohne ersichtlichen Grund. Auf mich selbst.

In der Bibel steht ein sehr bekannter Vers: *Sucht, und ihr werdet finden.*[9]

Na ja, mit dem zweiten Teil habe ich wohl so meine Probleme. Ich suche, aber viel zu oft finde ich nichts. Weil ich nicht am Ball bleibe. Weil ich nicht den Mut und die Geduld aufbringe, etwas wieder und wieder zu suchen. Mein Suchen hat keine Beständigkeit.

Wer nicht sucht, verpasst einige der größten Dinge im Leben: Die Schönheit der Natur an unerwarteten Orten, weil wir mit geschlossenen Augen durch die Welt gehen. Die Tiefe in einer

Freundschaft, weil wir nicht beständig in den anderen investieren. Die Stärke und den Mut in uns selbst, weil wir Herausforderungen aus dem Weg gehen, die uns wachsen ließen. Den Frieden Gottes, den wir nur erleben, wenn wir uns nah an ihn halten. Das Geschenk seiner Gegenwart, das so oft in der Hektik unseres Alltags untergeht.

Oft finden wir sogar Dinge, die wir überhaupt nicht gesucht haben, denn bei Gott gehen die Geschenke nie aus! Also lasst uns abenteuerlustig und geduldig darin sein, sie zu suchen.

WEITERDENKEN

» Suchst du gerne oder bist du auch ungeduldig?
» In welchen Situationen bist du besonders ungeduldig?
» Welche Geschenke Gottes vermisst du in deinem Leben?
Nimm dir vor, eins dieser Geschenke diese Woche besonders zu suchen. Schreib es auf und sei dankbar dafür.

WOCHE 27

Wirklich hier sein

27

Letztes Jahr war ich in Lissabon im Urlaub. Ich lief die alten gepflasterten Straßen entlang und bewunderte den Ausblick auf diese alte und so farbenfrohe Stadt. Ich genoss gute Gemeinschaft und leckeres Essen.

Einen Tag verbrachte ich in einem Kloster und betrat die alte Kirche. Ich setzte mich in eine der Bänke und genoss einen Augenblick der Stille und des Friedens, als mir ein Mädchen auffiel. Sie lief zügig durch den Raum, ihr Blick ging nur nach vorne. In ihrer Hand hielt sie ein Handy, das sie auf die Statuen und die Verzierungen um sich herum richtete. Der rote *Record*-Knopf leuchtete hell im dämmrigen Kirchenschiff. Sie war hier, in diesem wunderschönen alten Gebäude, und doch war sie nicht da. Sie betrachtete die Architektur und die bemalten Glasfenster, und doch sah sie gar nichts. Sie hastete vorbei, als sei alles das Gleiche. Anstatt die Details zu studieren und Eindrücke zu sammeln, nahm sie nur ein paar schnelle Schnappschüsse auf ihrem Handy mit, die nie und nimmer an die Realität herankommen werden.

Als ich das Mädchen von meiner Bank aus betrachtete, wurde ich nachdenklich. Haben wir nicht manchmal eine ähnliche Einstellung im Leben?

Wir besuchen eine neue Stadt und versuchen, so viel wie möglich zu sehen und zu dokumentieren. Jedes Essen, jeder Glücksmoment muss zuerst auf *Instagram* gepostet werden, bevor wir es genießen können. Wir treffen uns auf einen Kaffee mit Freunden, aber eigentlich sind wir beide bereits auf dem Sprung und gedanklich schon beim nächsten Termin. Wir kommen sonntags als Gemeinde zusammen, aber der Gottesdienst darf nicht länger als zwei Stunden dauern, denn jeder muss ja rechtzeitig zum Mittagessen zu Hause sein. **Wir sind hier, in diesem Leben, aber wir sind es doch nicht.** Wir hasten vorbei, als sei alles das Gleiche.

Lasst uns ausbrechen aus dieser »Gleichheits-Box«! Lasst uns absteigen vom Laufband, auf das uns das Leben so oft schickt, und wirklich leben. Lasst uns keine Freunde treffen und schon an den nächsten Termin denken, sondern stattdessen die gemeinsame Zeit, das Hier und Jetzt, genießen. Lasst uns Details studieren. Lasst uns in Ruhe reisen und erkunden. Statt vieler Sehenswürdigkeiten lasst uns Menschen wahrnehmen. Die Schönheit ist oft an kleinen versteckten Orten zu finden. Lasst uns keine Bilder mit unserer Kamera oder mit dem Handy machen, sondern die Eindrücke in unseren Herzen bewahren. Lasst uns den Sonntag wieder genießen und erleben, was passiert, wenn wir wirklich auf den Herrn warten. **Lasst uns hier sein. In der Gegenwart.**

WEITERDENKEN

- Was machst du im Urlaub? Ist es stressig oder entspannt? Wie kannst du bewusster im Urlaub entspannen?
- Wann fühlst du dich im Alltag besonders getrieben und leblos?
- Wo kannst du heute HIER sein? Nimm dir Zeit für Details oder einen einzelnen Menschen.
- Schalte dein Handy für einen Tag aus. Mach bewusst keine Bilder, sondern bewahre Eindrücke im Herzen.
- Was heißt eigentlich Gegenwart? Denke über den Begriff nach und mach dir dazu Notizen.

WOCHE 28

Langsamer statt schneller

28

Verweilen.

An einem Ort leben.
Etwas für eine lange Zeit ansehen.

Es ist immer ein erfrischendes Ereignis, Zeit mit meinem Patenkind zu verbringen. Oft hilft es mir, meine Perspektive zu verändern. Er ist noch kein Jahr alt und kann noch nicht sprechen. Und dennoch »reden« wir. Es ist eine wahre Freude, ihn und seine Sicht auf die Welt zu sehen.

Er sieht und berührt Gegenstände zum ersten Mal. Er bewegt sich und erweitert langsam den Radius seiner kleinen Welt. Er sieht Dinge. Er sieht sie wirklich an.

Vor ein paar Tagen hatte ich Ohrringe an und er hat eine halbe Stunde damit verbracht, sie wieder und wieder anzuschauen, seine kleinen Finger über sie gleiten zu lassen und auch ja jedes Detail zu verinnerlichen. Er hat alle Zeit der Welt. Keine Besprechung, an der er teilnehmen muss. Keine E-Mails, die beantwortet werden wollen. Kein Treffen mit einem Freund. Keine innere Stimme, die ihn drängt, weiterzugehen. Er kann einfach nur verweilen.

Ich weiß nicht, wann genau wir anfangen, unser Leben so schnell zu leben, aber es scheint uns mit unglaublicher Geschwindigkeit vor sich herzutreiben. Während des Frühstücks planen wir den Tag, der vor uns liegt, bis auf die Minute genau. Abends liegen wir wach und sinnieren über all die Herausforderungen, die der Tag mit sich gebracht hat. Ich merke, dass ich sogar während Gesprächen vorausplane. Während mein Gesprächspartner redet, plane ich im Kopf schon den Einkauf oder den morgigen Unterricht. Meine unzusammenhängenden Antworten beweisen mir, dass ich nicht ganz bei der Sache bin. Und das erschreckt mich.

Im Leben muss es immer vorwärtsgehen, zum nächsten Tag, zum Wochenende, zum nächsten Urlaub, zur nächsten Beförderung. **Wir haben verlernt zu verweilen.** Für eine lange Zeit an einem Ort zu bleiben. Dinge und Menschen anzuschauen – und sie wirklich zu sehen.

Aber genau das brauchen wir.

Statt immer schneller müssen wir langsamer werden.

Wir müssen wieder lernen zu verweilen. Unsere Finger über die Oberfläche gleiten zu lassen und Details zu verinnerlichen. Zeit zu investieren und tiefer zu graben, bis wir wahre Intimität finden. Den Moment zu genießen, in diesem Moment zu ruhen. So lange, bis die innere, drängende Stimme durch einen tiefen Frieden zum Schweigen gebracht wird.

WEITERDENKEN

» Bist du ein Planer? Wo planst du besonders viel, wo kannst du spontan sein?

» Nimm dir eine Stunde Langsamkeit jeden Tag. Konzentriere dich auf ein Gespräch, ein Buch, die Natur. Lass dein Handy in der Tasche, mach nicht zwei Dinge gleichzeitig. Notiere dir die Details, die dir auffallen.

» »Der wichtigste Mensch ist immer der, der dir gerade gegenübersteht«, besagt ein Ausspruch, der Meister Eckhart zugeschrieben wird. Übe dich diese Woche in der Wertschätzung deines Gegenübers.

LEBEN
TEILEN

»MENSCHEN SIND DAS WAHRE ABENTEUER.«

WOCHE 29

Leben schaffen

29

Er sagte »Es werde Licht«, und es wurde Licht.
Er sagte »Die Erde soll Früchte und Bäume und Blumen hervorbringen«, und die Erde leuchtete in allen Farben.
Er sagte »Das Wasser und die Luft und das Land sollen voller Tiere sein«, und große und kleine Tiere bevölkerten die Erde.
Er sagte »Es werde«, und es wurde.
Gottes Leidenschaft ist es, etwas zu erschaffen.
Er sagte »Lasst uns Menschen machen.«

Als wir auf der Bildfläche erschienen, änderten sich die Dinge. Wir wurden nicht einfach nur gemacht, wir wurden mit einer Aufgabe geschaffen. Wir haben hier einen Auftrag zu erledigen. Wir sind dazu berufen zu herrschen. Unsere Aufgabe ist es zu schaffen.

Etwas zu erschaffen hört sich vielleicht zunächst nach einer exklusiven Sache an, die nur Künstlern, die mit Farbe und Leinwand oder einem Klumpen Ton arbeiten, vorbehalten ist, aber Schaffen geht weit darüber hinaus. Schöpfung geschieht genau in den kleinen, gewöhnlichen Situationen, die wir Leben nennen. Genau da ist unsere Aufgabe. Genau dort sollen wir schaffen.

Schaffe Hoffnung, indem du Ermutigung in eine verzweifelte Situation sprichst.
Schaffe Bewusstsein, indem du deine Stimme erhebst für Dinge, die wirklich wichtig sind.
Schaffe Authentizität, indem du dich verletzlich machst und Ehrlichkeit lebst in Bezug auf dich selbst, dein Leben, deinen Glauben.

Schaffe Beziehungen, indem du Zeit und Herz in andere investierst.
Schaffe Gemeinschaft, indem du deinen Tisch deckst und andere einlädst, das Essen mit dir zu teilen.
Schaffe Schönheit, indem du Blumen pflanzt und deinen Blick auf die Kleinigkeiten richtest, das Außergewöhnliche im Gewöhnlichen.
Schaffe neues Leben, wo der Geist des Todes sich eingenistet und den Blick auf Hoffnung und Leben getrübt hat.

Um uns herum gibt es schon genug Zerstörung und Verzweiflung, dazu müssen wir nichts mehr beitragen. Schaffe Leben.

WEITERDENKEN

» Lies die Schöpfungsberichte in 1. Mose 1 und 2 und notiere dir, welche Privilegien und Aufgaben Gott dir mitgegeben hat.
» Wie kannst du diese Aufgaben konkret erfüllen?
» Nimm dir konkret Situationen vor, in denen du diese Woche Leben schaffen kannst. Das können kleine Dinge sein.
Nimm dir Zeit für eine Beziehung.
Teile etwas von dir selbst.
Geh mit offenen Augen durch die Natur.
Sei kreativ, male etwas, schreib einen Text, spiele ein Lied, koche etwas Leckeres.

WOCHE 30

Mehr als zwei Hände

30

Ich besitze Wunderwerkzeuge.

Sie graben sich tief hinein und schaffen große Dinge. Sie tragen schwere Sachen und bewegen sie hin und her. Sie sind präzise geformt, sodass sie kleinste Dinge halten können, wie Nähnadeln oder Schnürsenkel.

Wenn nur ein Finger ausfällt, wird ein einfacher Handgriff schnell zur Herausforderung.

Sie tasten nach rauem Material und formen daraus Neues. Sie halten einen Stift und schreiben. Sie tanzen über Klaviertasten und folgen einer Komposition. Sie berühren jemanden und spenden Trost. Sie umarmen einen lang herbeigesehnten Freund und drücken das aus, was Worte nicht schaffen.

Sie falten sich zusammen, wenn ich zu dem bete, der alles in der Hand hat. Sie heben sich in die Höhe, um den Schöpfer aller Dinge zu preisen, den Retter, den Friedensbringer. Sie strecken sich nach ihm aus, dem größten Wundertäter.

Meine Hände sind Wunderwerkzeuge.

Jeder einzelne Finger ist für einen bestimmten Zweck gemacht, und nur zusammen können meine Hände das vollbringen, wozu sie geschaffen sind. Sie waren winzig klein, als ich jung war. Sie sind jetzt oft dreckig, weil sie hart arbeiten. Sie werden wahrscheinlich faltig sein, wenn ich älter bin. Sie sind Wunderwerkzeuge.

Wo kann ich sie heute zum Guten einsetzen?

WEITERDENKEN

» Beobachte deine Hände für eine Weile. Was machst du mit ihnen? Achte auf kleine Aktionen und sei dankbar dafür.

» Wofür, klein und groß, kannst du deine Hände diese Woche einsetzen?

» Übe dich im Schaffen. Melde dich zu einem Töpferkurs an und beobachte dich bei deinem Tun.

WOCHE 31

Das wahre Abenteuer

31

Ich kann mich gut an einen Spaziergang vor zwei Jahren erinnern, als ich mit einer Freundin durch die wunderbare Landschaft von North Carolina ging. Ich war ziemlich frustriert und beschwerte mich bei ihr über all die Menschen, die mich scheinbar im Stich gelassen und einfach aufgehört hatten, in unsere Freundschaft zu investieren. Ich hatte einfach keine Lust mehr auf andere Menschen. Sie hörte zu und sagte dann: »Wir sind beide schon viel gereist und sind viel rumgekommen. Wir haben die schönsten Orte gesehen und die wunderbarsten Landschaften bestaunt, aber sie sind nichts im Vergleich zu den Menschen, die wir kennengelernt haben. **Menschen sind das wahre Abenteuer.«**

Wir alle sind jeden Tag von Menschen umgeben. Eltern. Kindern. Freunden. Bekannten. Arbeitskollegen. Gemeindemitgliedern. Verkäufern. Putzfrauen. Schülern. Flüchtlingen. Menschen auf der Straße. Manche liegen uns sehr und bereichern unser Leben. Andere fordern uns heraus oder treiben uns in den Wahnsinn. Manchmal wachsen Menschen uns über den Kopf und wir würden uns am liebsten von allen zurückziehen. Doch auch wenn sich jeder Zeiten der Ruhe und des Rückzugs gönnen sollte, ist unser Platz dennoch bei den Menschen.

Wie können wir uns also auf dieses »Abenteuer Mensch« einlassen?

»Denn wo zwei oder drei in meinem Namen versammelt sind, da bin ich in ihrer Mitte.«

MATTHÄUS 18,20[10]

Dieser Vers ist uns wohl allen bekannt, da er oft bei Gebetstreffen, Jugendtreffen oder Gottesdiensten zitiert wird. Aber ich denke, er reicht noch viel weiter in unseren Alltag hinein.

Jesus war mit Menschen unterwegs und ständig von ihnen umgeben. Manche haben ihn unterstützt, andere eher verspottet und kritisiert. Aber er kannte und liebte sie alle. Jesus begegnete Menschen, er traf sie dort, wo sie waren, wie sie waren.

Mit Menschen im Namen Jesu zusammenzukommen, heißt dorthin zu gehen, wo die Menschen sind. Wenn ich mit einem Freund eine Runde spazieren gehe und dabei über Herausforderungen spreche, ist Jesus dabei. Wenn ich in einem Flüchtlingscafé aushelfe und mich auf neue Menschen und ihre mir fremde Kultur einlasse, sehe ich ein bisschen mehr von Jesus in ihnen. Wenn ich in einer Beziehungskrise nicht davonlaufe, hält Jesus sie mit mir aus und lässt mich daran wachsen. Wenn ich mit anderen zusammen lachen und weinen kann, lacht und weint Jesus mit uns. Wenn ich mit Freunden und Fremden am Tisch sitze und leckeres Essen genieße, sitzt Jesus auch am Tisch und bringt unsere Gemeinschaft auf eine tiefere Ebene.

Wir alle sehnen uns nach dem Gefühl, dazuzugehören, anzukommen, Heimat zu haben. Wir alle brauchen Gemeinschaft und die Verbindung zu anderen. Lass dich auf das »Abenteuer Mensch« ein und triff andere im Namen Jesu – und sie werden dich überraschen, herausfordern, verzweifeln lassen, verärgern, aber auch mehr beschenken, als du es erwartet hättest.

WEITERDENKEN

» Welche Menschen sind in deinem Leben? Erstelle eine Liste mit all den Freunden, Familienmitgliedern, Bekannten, Fremden, die du diese Woche triffst.

» Welche Menschen bereichern dein Leben, welche fordern dich heraus?
» Lass dich auf das »Abenteuer Mensch« ein. Überlege dir drei konkrete Situationen, wo du diese Woche Menschen im Namen Jesu begegnen kannst.

WOCHE 32

Wie sich Großzügigkeit anfühlt

32

Da saß ich am Flughafen London Stansted und wartete auf meinen Flug nach Hause. Die Abflugzeit war bereits dreimal verschoben worden und mittlerweile war es wirklich spät. Ich schaute nervös auf meine Armbanduhr – was, wenn das Flugzeug zu spät landete? Was, wenn ich den letzten Zug nach Hause verpasste? Dann würde ich erst einen Tag später ankommen und ich musste eigentlich arbeiten.

Ich war auf dem Rückweg von einer Konferenz zum Thema »Großzügigkeit«. Wieder einmal neu war ich angesprochen und ermutigt worden von Geschichten über unseren großzügigen Gott und wie großzügig andere Menschen nach seinem Vorbild handeln.

Uns wurde alles gegeben, obwohl wir eigentlich gar nichts verdient haben. Wir können das scheinbar Geringe, das wir haben, in die Hände des Meisters legen und dürfen erleben, wie er es in Großartiges verwandelt. Wir werden niemals leer ausgehen, wenn wir Großzügigkeit leben.

Endlich konnten wir an Bord gehen. Zwei Stunden später als geplant flogen wir ab und der Pilot gab sich wirklich alle Mühe, Zeit aufzuholen, aber es war nicht genug. Ich verpasste meinen Zug. »Das war's dann wohl für heute«, dachte ich. »Das glaube ich nicht«, antwortete Gott.

An der Gepäckausgabe traf ich »zufällig« meine ehemalige Professorin, die ich zwei Jahre nicht gesehen hatte. Sie war mit demselben Flug gekommen und ihr Mann holte sie ab. Statt einer schlaflosen Nacht bekam ich eine freie Fahrt nach Hause und eine nette Unterhaltung noch obendrauf.

Es war fast zwei Uhr morgens, als ich die Tür zu meiner Wohnung aufschloss. In vier Stunden würde ich wieder aufstehen müssen, um zur Arbeit zu gehen. Auf dem Tisch fand ich eine Notiz von meiner Mitbewohnerin: *Willkommen zurück! Ich dachte mir, dass du spät kommen würdest, also habe ich dir ein Frühstück zum Mitnehmen in den Kühlschrank gestellt. Ich wünsche dir einen guten Tag morgen!*

Was für ein Geschenk! Die Botschaft, die mir von der Konferenz in London hängen geblieben ist, spiegelte sich hier genau vor meinen Augen wider. Großzügige Menschen, die kleine Dinge taten, die mir in dieser Nacht sehr viel bedeutet haben.

Es geht nicht darum, wie viel Geld wir spenden oder wie großartig die Dinge sind, die wir tun. **Uns allen wurde unendlich viel gegeben – lasst es uns nicht festhalten, sondern großzügig damit sein.**

Gib etwas von deiner Zeit.
Deine Ehrlichkeit.
Deine Ermutigung.
Deine Gastfreundschaft.
Ein Stück von dir selbst.
Du wirst nicht leer ausgehen, das verspreche ich dir.

WEITERDENKEN

- Wo fällt es dir leicht, großzügig zu sein? Wo eher nicht?
- Erinnerst du dich an eine Situation, in der andere dir gegenüber großzügig waren?
- Übe dich diese Woche in Großzügigkeit. Gib etwas von deiner Zeit, lade andere zu dir ein, ermutige jemanden. Teile etwas von dir selbst.

WOCHE 33

Das Geschenk der Zeit

33

Zeit – was für ein Wort in unserer Zeit, in der wir oft alles andere als Zeit haben. Oft bin ich so eingespannt, dass mir alles über den Kopf wächst. Nein, Zeit habe ich nicht.

Hast du Zeit?

Neulich war ich in der Bibliothek, um etwas auszudrucken, als ich einen alten Freund traf. Wir begannen eine Unterhaltung und er hatte eine Menge Fragen. Wir setzten uns. »Hast du überhaupt Zeit dafür?«, fragte er. Ich dachte an meine To-do-Listen, an den Stapel Arbeit zu Hause, an all die Vorbereitung. »Ja, lass uns reden.«

Manchmal muss man sich einfach Zeit nehmen.

Hast du Zeit?

Zeit, auf deinem gehetzten Weg zur Arbeit einen Moment innezuhalten, um die frische Morgenluft einzuatmen.

Zeit, um die ersten Sonnenstrahlen oder auch leichte Regentropfen auf deinem Gesicht zu spüren.

Zeit, dein Essen nicht nur hinunterzuschlingen, sondern wirklich zu genießen.

Zeit, ein ungeplantes Gespräch mit einer Kollegin zu beginnen, das tiefer geht, als du jemals erwartet hättest.

Zeit, durchzuatmen und dich daran zu erinnern, dass Stress nicht das Ende der Welt ist.

Zeit, einem Freund zuzuhören, der dich wirklich braucht.

Zeit, um den Vater flüstern zu hören: »Hast du Zeit, mein Kind, all die kleinen Schätze zu entdecken, die ich im Alltag für dich versteckt habe, damit du dich daran erfreuen kannst?«

Hast du Zeit, das Schöne, das Ungewöhnliche im Gewöhnlichen zu finden?

WEITERDENKEN

» Wie verplanst du deine Zeit? Kannst du auch spontan sein oder ist alles durchstrukturiert?

» Lass dich diese Woche auf ein Experiment ein: Nimm dir bewusst Zeit für Menschen und lass sie entscheiden, was passiert. Beende kein Gespräch von dir aus und geh auch mal eine Extrameile mit jemandem. Schreib auf, was passiert.

» Erlaube Gott diese Woche, dich zu unterbrechen. Notiere dir diese »Unterbrechungen« und wie sie dein Leben bereichert haben.

WOCHE 34

Reisegefährten

34

Das Leben gleicht einer Reise. Manchmal tut es gut, zurückzublicken und zu sehen, wie sich einzelne Monate und Jahre in den großen Lebensweg einreihen.

Dieser Weg hat seine Höhepunkte.

Wenn mir etwas gut gelingt und ich mit meiner Arbeit zufrieden bin. Wenn ich an Herausforderungen gewachsen bin und Neues gelernt habe. Wenn aus Fremden langsam Freunde werden. Wenn ich mich in Beziehungen angenommen und wohlfühle.

Dieser Weg ist aber auch von vielen Tiefpunkten geprägt.

Wenn die Berge von Arbeit nicht kleiner zu werden scheinen. Wenn mich die Last auf meinen Schultern zu erdrücken droht. Wenn ich die Erwartungen, die andere und ich selbst an mich stellen, nicht erfüllen kann. Wenn ich Angst habe zu versagen. Wenn ich mir Sorgen um die Zukunft mache. Wenn ich mit Verlust zu kämpfen habe.

Auf diesem Weg sind wir nicht allein. **Wir müssen diese verrückte Reise, genannt Leben, nicht allein antreten, sondern haben Reisegefährten.** Menschen, die in einer ähnlichen Situation sind und uns wirklich verstehen. Menschen, die uns voraus sind und gute Ratschläge geben können. Menschen, die uns anfeuern, wenn nicht alles nach Plan läuft.

Wir brauchen die Nähe anderer Menschen, und die kommt nicht von allein. Es erfordert Mut, es immer wieder zu versuchen, immer wieder Fragen zu stellen. Zu warten. Zuzuhören. Sich zu öffnen.

Wenn wir die Nähe anderer Menschen wollen, müssen wir vielleicht damit beginnen, sie an uns heranzulassen. Wir müssen ihnen einen Blick hinter die Mauern gewähren, die wir so oft um unser Herz herum errichten.

Diese Reisegefährten lösen meine Probleme nicht. Das können sie ganz einfach nicht. Aber sie sind bereit, einen Teil meines Lebens, meiner Gedanken, meines Herzens mitzutragen. Sie sind einfach da. Und sie erinnern mich daran, dass bei allem Gott dabei ist, der sich an unseren Höhepunkten freut und uns in Tiefpunkten nah bei sich hält.

WEITERDENKEN

» Wer sind deine Reisegefährten? Was schätzt du besonders an ihnen?

» Wie nah lässt du Menschen an dich heran? Warum fällt es dir schwer?

» Such dir ein oder zwei Menschen, denen gegenüber du bewusst offen sein möchtest, denen du einen Blick in dein Herz gewährst.

» Höre anderen bewusst zu. Nicht, um Rat zu geben, sondern einfach um mitzutragen. Oft fühlen wir uns unter Druck, alles besser zu machen und Rat zu geben, aber darum geht's nicht. Einfach da sein ist ein erster wichtiger Schritt.

WOCHE 35

Türen öffnen

35

Manchmal fühlt sich das Leben wie ein Gefängnis an. Ich bin in meiner alltäglichen Routine gefangen, grüble ständig über dieselben Dinge nach und lasse es zu, dass Sorgen mir den Schlaf rauben.

Oft entferne ich mich in solchen Zeiten von anderen Menschen und verschließe mein Herz vor der Welt. Es scheint, als ob alle Türen verschlossen sind und ich sie nicht öffnen kann.

In solchen Situationen ist es gut, Türöffner im Leben zu haben.

Menschen wie Julia.

Wenn wir zusammen kochen oder uns auf einen Kaffee treffen, hört sie einfach zu. Sie ermutigt mich mit klaren und aufbauenden Worten. Sie hört sich meine Fragen an und gibt Denkanstöße für Antworten. Sie weitet meine Perspektive für Neues. Sie bringt ein bisschen Hoffnung in meine scheinbar aussichtslosen Situationen. Sie zeigt mir Gottes Handeln in meinem Leben, wenn ich es wie so oft aus den Augen verliere. Julia ist ein Türöffner für mich.

Vor ein paar Tagen trafen wir uns zum Essen und tauschten uns über die letzten Wochen aus. Sie war sehr gestresst vom Lernen und von Fragen an die Zukunft. Ich sagte ihr, wie sehr ich ihre Gegenwart in meinem Leben schätze. Und dann sagte sie: »Aber weißt du denn nicht, dass du meine Julia bist?«

Das hat mich sehr berührt, denn genau das möchte ich sein.

Ich möchte eine Julia für andere sein.

Eine Freundin, die am Leben anderer Anteil nimmt. Ein Zuhörer. Ein Ermutiger. Ein Nach- und Mitdenker. Eine Person, die still sitzt und mit wartet. Eine Person, die anderen die Perspektive weitet. Die Hoffnung bringt. Ich möchte ein Türöffner sein.

WEITERDENKEN

» Was machst du, wenn du dich in deinem eigenen Leben gefangen fühlst?

» Welche Menschen hast du in deinem Leben? Wer sind deine Türöffner? Was machen sie?

» Wo kannst du für andere Türen öffnen? Oft sind es kleine Gesten, die den Unterschied machen.
Hör bewusst zu.
Überlege dir eine Ermutigung für einen Kollegen.
Lächle jemanden an, der traurig aussieht.
Erzähle von Gottes Handeln in deinem Leben, um anderen in hoffnungslosen Situationen den Blick zu weiten.

WOCHE 36

Tisch. Gemeinschaft.

36

Manchmal träume ich von meinem Traumhaus. Ich kann mir eigentlich nicht vorstellen, ein eigenes Haus zu haben, aber wenn es doch passieren sollte, dann wird es wohl ein großes, altes Haus mit vielen Zimmern für viele Gäste. Mit einer großen Küche, in der ich kochen und Neues ausprobieren kann. Und einem Tisch. **Einem großen Tisch, an dem viele Menschen Platz haben.**

Wenn ich früher Klassenkameraden mit nach Hause gebracht habe, ist ihnen vor allem eine Sache aufgefallen: stundenlanges Essen und Am-Tisch-Sitzen. Und das meine ich positiv. Wir aßen zusammen und redeten. **Wir tauschten uns aus und diskutierten so viel, dass wir gar nicht merkten, wie die Zeit verging.** So viele gute Erinnerungen und Gedanken sind an diesem Tisch entstanden.

Wenn ich heute Leute einlade, möchte ich, dass ihnen das Gleiche auffällt.

Ich habe kein großes Haus oder eine riesige Küche, sondern nur eine kleine Wohnung mit einem kleinen Tisch mit wackeligen Beinen.

Nichtsdestotrotz möchte ich Erinnerungen schaffen.

Mein Tisch soll ein Ort sein, an dem gute und tiefe Gespräche stattfinden. Ein Ort, an dem Menschen den Mut finden, sich zu öffnen, und keine schmerzhafte Fassade aufrechterhalten müssen. Ein Ort, an dem wir über einfachen Dingen wie Kochen und Essen Gemeinschaft haben und mittendrin Gottes Gegenwart erleben. **Ein Ort, an dem wir Gott loben und anbeten, weil wir erkennen, dass Gemeinde genau da ist, wo Menschen sich treffen,**

Brot brechen und Gemeinschaft mit Gott und einander genießen. Gemeinschaft ist so wertvoll und so überlebenswichtig für unsere geistliche Gesundheit.

So oft versuchen wir, Gemeinschaft durch große Worte oder laute Lieder krampfhaft zu erschaffen. Dabei ist es oft ganz einfach. So einfach, wie ein Essen mit jemandem zu teilen und seiner Geschichte zuzuhören. Wir werden von Gott überrascht, wenn wir mit anderen das Brot brechen und ihn darin wiederfinden.

WEITERDENKEN

» Was machst du, wenn du isst? Schlingst du dein Essen schnell herunter oder nimmst du dir Zeit, es zu genießen?

» Isst du oft allein oder lädst du gerne Leute ein?

» Wen kannst du diese Woche an deinen Tisch einladen? Nimm dir bewusst Zeit zum Essen und Gemeinschaft pflegen.

» Feiere Abendmahl mit anderen zu Hause. Das kann in einer freien oder traditionellen Form sein, aber Gott ist auf jeden Fall da.

LOSLASSEN

»LASST UNS NIE AUS
DEN AUGEN VERLIEREN,
WIE WUNDERSCHÖN
DAS GESCHENK DES
LEBENS IST.«

WOCHE 37

Die Herausforderung der Stille

37

Hörst du das?

Nichts.
Schweigen.
Stille.

Diese Woche ist etwas Komisches passiert. Nach ein paar vollgepackten und anstrengenden Monaten habe ich zum ersten Mal wirklich Pause gemacht. Zum ersten Mal seit langer Zeit konnte ich morgens aufwachen und nichts tun. Es wartete keine lange To-do-Liste auf mich. Was habe ich gemacht? Ich wurde erst mal krank. Meine Rückenschmerzen fesselten mich eine Woche ans Bett und ich wurde dazu gezwungen, mich auszuruhen. Ich musste still sein. **Und erst da merkte ich, wie schwer mir das Stillsein fällt.**

Das Komische daran ist, dass ich mich so sehr nach Stille gesehnt hatte. Wann immer mir alles über den Kopf zu wachsen schien, habe ich mich daran festgehalten: Bald ist es vorbei und du kannst dich ausruhen.

Jetzt kann ich mich ausruhen und weiß nicht, wie ich damit umgehen soll. Wenn ich ehrlich bin, habe ich Angst vor der Stille. Ich bin hin-und hergerissen zwischen Wollen und Nicht-Wollen.

Ich sehne mich danach, aus meinem beschäftigten Leben auszubrechen, weg von all den Stimmen und Aufgaben und Menschen, die etwas von mir wollen. Die Geräuschkulisse auszuschalten, die es unmöglich macht, das zu hören, was wirklich wichtig ist. Wieder aufmerksam für Gottes Flüstern zu sein.

Aber ich habe auch Angst, wirklich still zu sein. Alles zurückzulassen und am Ende mit nichts dazustehen. Angst, dass die Stille mich nirgendwo hinführen wird. Dass Gott sich nicht zeigt. Dass ich nicht bereit bin, ihm zu folgen, wenn er mich aufs offene Meer hinausführt.

Still sein ist eine Herausforderung.

Stille suchen ist harte Arbeit.

Ich will nicht mehr auf das hören, was ich nicht will, sondern dem nachgeben, was ich wirklich will. Ich will den Lärm hinter mir lassen und erwarten, dass Er aus der Stille zu mir sprechen wird.

Wenn ich still bin, wirklich still, dann höre ich seine Stimme.

Hörst du sie auch?

WEITERDENKEN

» Fällt es dir leicht, still zu sein?

» Was hindert dich daran, still zu sein? Schreib deine Ängste und Wünsche auf.

» Der Weg in die Stille ist ein Prozess, still sein passiert nicht auf einmal. Wo kannst du Stück für Stück Dinge loslassen oder ruhen lassen, um Stille zu finden?

» Stille kann man lernen, das fängt mit kleinen Schritten an. Vielleicht nimmst du dir diese Woche jeden Tag ein paar Minuten oder insgesamt eine Stunde pro Woche vor. Plane die Zeit konkret ein und bereite dich innerlich darauf vor. Notiere dir, was in deiner »stillen Zeit« passiert.

WOCHE 38

Komm, geh mit mir spazieren

38

Ein Tag voller Arbeit ist vorbei. Die Zeit verging viel zu schnell und ich habe viel zu wenig erledigt. Mein Körper ist müde, weil er den ganzen Tag am Schreibtisch gesessen hat. Meine Augen schmerzen, weil sie viele Stunden auf einen Bildschirm gestarrt haben. Und trotzdem gibt es noch so viel zu tun.

Komm, geh mit mir spazieren.

Nur ein leises Flüstern, das ich tief in meinem Innern höre. Ein Flüstern, das mich bittet, meine Perspektive zu verändern.

Ein Tag voller Sorgen ist vorbei. Freunde berichten von Unfällen und Beziehungsproblemen. Sie bitten um Hilfe. Nachrichten von Krieg, Leid und Tod werden Teil meines Alltags. Mein Kopf ist müde, weil er die Massen an Informationen nicht verarbeiten kann und keine Termine mehr in den übervollen Kalender passen. Mein Herz ist schwer, weil es die Unermesslichkeit des Leids und der Sorgen nicht tragen kann.

Komm, geh mit mir spazieren.

Ich stehe vom Schreibtisch auf, schalte den Computer aus, lasse mein Handy liegen. Ich folge dem Flüstern – weg von der Arbeit, weg von der Welt, die mir die Kraft raubt. Ich laufe einfach.

Hier draußen ist eine andere Welt. Hier gibt es eine Schönheit, die ich noch nie zuvor gesehen habe. Blumen in allen Farben, Vögel, die das Lied ihres Lebens zwitschern, Wolken, so weit das Auge sehen kann, ein atemberaubender Sonnenuntergang, der alles in Gelb, Orange und Rot taucht.

Endlich kann ich sehen. Weiter sehen als bis zum Papierstapel auf dem Tisch, als bis zu dem Berg von Sorgen und Kummer. Endlich kann ich loslassen. Tränen fließen und sie waschen die Schwere des Tages und die Last meines Herzens weg. Alles, was ich mit auf diesen Spaziergang gebracht habe, muss ich nicht wieder mit zurücknehmen.

Endlich kann ich hören. Die Stimme Gottes, die mich an seine Stärke in meiner Schwachheit erinnert. Die mir Verheißungen ins Gedächtnis ruft. Die voller Liebe und Freude über mich jubelt. Die meinem geplagten Herzen Frieden bringt.

Endlich kann ich sprechen. Ein leiser Gedanke wird zu einer selbstbewussten Aussage. Ein leichtes Grinsen entwickelt sich zu einem lauten Lachen. Ein unsicherer Tritt verwandelt sich in mutige Tanzschritte.

Danke für dein Flüstern. Danke für den Spaziergang.

WEITERDENKEN

» Ich weiß nicht, wie deine Woche aussieht, wie viel du zu tun hast und welche Sorgen dich umtreiben. Aber ich lade dich ein, Gottes Stimme zu folgen.

» Geh spazieren. Nimm dir was zu Schreiben mit und halte fest, was dir auffällt. Rede mit Gott und schreib dir auf, was er zu dir sagt. Achte auf Kleinigkeiten.

WOCHE 39

Was ich will

39

Was ich will?

Ich will zurückgehen zu der Zeit, als alles einfacher zu sein schien. Als ich mich nicht darum kümmern musste, dass Essen auf dem Tisch steht, Rechnungen bezahlt werden oder die Wohnung geputzt ist. Als ich mich darauf verlassen konnte, dass andere sich um mich kümmern. Als ich einfach nach den Sommerferien zurück in die Schule gehen konnte, anstatt auf Arbeitssuche zu gehen.

Trotzdem will ich an den Herausforderungen wachsen, die das Leben mir stellt.

Was ich will?

Ich will die Zeit dorthin zurückdrehen, als alles gut zu sein schien. Als ich wusste, wer meine Freunde sind und ich nicht alles und jeden hinterfragt habe. Als ich von einer Familie träumte. Als wir zusammen Spaß hatten und Tage erlebten, an die ich mich jetzt gerne zurückerinnere.

Trotzdem will ich im Hier und Jetzt mit seinen einzigartigen Menschen und Segensgeschenken leben.

Was ich will?

Ich will an den Ort zurückkehren, an dem ich mich bei dir sicher gefühlt habe. Wo ich genau wusste, was ich glaube und wie mein Glaube auszusehen hat. Wo ich einfach machen konnte und nicht dauernd zweifelte. Wo meine Füße auf festem Boden standen, anstatt auf dem weiten Ozean der Unsicherheit zu schwanken.

Aber es ist zu spät. Ich bin schon zu weit hinausgelaufen und ehrlich gesagt will ich eigentlich auch gar nicht mehr zurückgehen.

Ich will dich wieder wollen.

WEITERDENKEN

» Was willst du für dein Leben, deine Beziehungen, deinen Glauben?
» Kennst du das Gefühl der Melancholie und der Nostalgie? Sehnsucht nach damals? Wonach sehnst du dich zurück?
» Inwiefern hält es dich davon ab, im Hier und Jetzt zu leben?
» Was machst du, wenn du zweifelst und dir mit Gott nicht mehr sicher bist? Zurück- oder weitergehen?

WOCHE 40

Ich bin (nicht) überrascht

40

Ich bin ein bisschen überrascht. Wütend. Ernüchtert.

Diese Woche war anstrengend.
So viele Fragen und Kämpfe und Zweifel.
So viele Tränen und zerplatzte Hoffnungen und Ängste.
So viele Fragezeichen hinsichtlich der Zukunft.
So viele unerfüllte Sehnsüchte.
Und so wenig Sicherheit und Gewissheit in allem.

Ich bin schon eine Weile in diesem Leben mit seinen Höhen und Tiefen unterwegs und dachte, ich hätte bereits ein bisschen was gelernt. Ich dachte, ich hätte Vertrauen in mich, in andere, in dich entwickelt. Ich dachte, ich hätte genug Wahrheit verinnerlicht, die mich durch die Stürme des Lebens trägt. Ich dachte, ich wäre wenigstens ein bisschen gereift in Weisheit, Glauben und Leben.

Aber trotzdem liege ich hier in meiner Ruhelosigkeit und muss mir eingestehen: Ich bin nicht überrascht.

Ich erkenne: In allem Leben und Wachsen und Kämpfen brauche ich immer noch dich. In allem Wissen und Lernen darf ich immer noch dir vertrauen. In allem Wandern und Umherziehen finde ich immer noch mein wahres Zuhause bei dir. In allem Fragen und Zweifeln und Sorgen darf ich darauf hoffen, dass du auf diesem Weg dabei bist.

WEITERDENKEN

» Welche Dinge hast du über das Leben und Gott gelernt?
» Erinnere dich an Situationen, in denen dich das Leben überrascht hat: Menschen haben dich enttäuscht, du fühltest dich wie ein Versager, Gott ließ dich scheinbar im Stich.
» Welche schmerzhaften Lektionen musstest du lernen? Wie hast du sie gelernt?
» Welche Überzeugungen musstest du über Bord werfen, welche haben wirklich getragen?

WOCHE 41

Warten

41

Ich klopfe an die Tür, verzweifelt hoffend, endlich eingelassen zu werden. Mein Kopf ist voller Fragen, mein Herz wie ein rastloses Meer voller Sorgen. Was wird passieren? Was wird die Zukunft für mich bringen? Antworte mir, Herr.

Am Übergang von einer Lebensphase zur nächsten fühlt es sich so an, als ob man an einer Weggabelung stünde, und man fragt sich, was passiert, wenn man die falsche Abzweigung wählt. Die nächsten Schritte auf meinem Weg sind nicht klar zu erkennen. Mir bleibt nur das Warten. Ich will nicht warten.

Warten scheint ein normaler Teil des Lebens zu sein. Wir warten auf den Bus, auf einen Freund, der zu spät kommt, auf den Sommer, auf den Kuchen im Ofen. Wir warten auf einen Partner, auf das Ende einer Lebenskrise, auf ein Kind, auf bessere Zeiten.

So oft wollen wir nicht warten, doch wir können nichts tun, um das Warten zu verkürzen.

Wir wollen die Antworten jetzt haben. Wir wollen alles jetzt bekommen. Aber was, wenn es gar nicht nur darum geht, dass das Warten ein Ende nimmt? Was, wenn das Warten an sich das Entscheidende ist?

Wartezeit ist niemals vergeudete Zeit.

Warten entfaltet in uns oft verborgene Dinge: Ausdauer, Geduld mit uns selbst und anderen. Warten bereitet die Leinwand vor, auf der unsere Zukunft gemalt wird – Pinselstrich für Pinselstrich. Warten stärkt das Fundament, auf dem wir später bauen können. Warten lässt unseren Charakter und unsere Persönlichkeit reifen für die Herausforderungen, die noch kommen.

Warten verändert unsere Perspektive. Wir werden uns unserer Bedürftigkeit und Abhängigkeit bewusst. Wir öffnen uns für die Hilfe anderer. Wir finden den Herrn, der in unserem Warten am Werk ist und der uns Türen öffnen wird, an die wir wohl niemals geklopft hätten.

WEITERDENKEN

» Auf was wartest du? Erstell eine Liste mit großen und kleinen Dingen.
» Wie wartest du? Bist du eher ungeduldig oder kannst du dem Warten an sich etwas abgewinnen?
» Wähle eine Sache aus, auf die du wartest, und beobachte dein Warten diese Woche. Verändert sich etwas?
» Notiere dir, was während deines Wartens mit dir und um dich herum passiert.

WOCHE 42

Um die Freude kämpfen

42

Es ist Herbst. Die Blätter werden gelb, rot und braun. Die Sonne scheint nicht mehr so oft, der Himmel ist häufig dunkel und bewölkt. Langsam wird es kälter.

Die Leute tauschen ihre glitzernden dünnen Sommerklamotten gegen graue dicke Wintermäntel aus. Sie holen die Handschuhe und Mützen aus dem Keller. Köpfe verschwinden unter gigantischen Hüten, Gesichter sind nach unten gebeugt. Das Lächeln verschwindet von vielen Gesichtern, denn worüber soll man sich denn bei so einem Wetter freuen? **Es scheint, als ob die Freude verschwunden wäre; stattdessen sind die Leute missmutig, gehetzt und verängstigt vor dem, was morgen sein wird.**

Jeden Tag sehe ich solche Menschen um mich herum und immer öfter fühle ich mich genauso. Sobald es Oktober wird, werde ich launisch. Manche nennen es »Winter Blues«, andere nennen es einfach nur Leben.

Je öfter ich mich so fühle, desto ärgerlicher werde ich. Ich will mich nicht so fühlen.

Es wird wohl immer Zeiten geben, in denen die Freude zu verschwinden droht, das Leben aus uns herausfließt und wir leer, verzweifelt und bedürftig zurückbleiben. Stress und Leid werden immer wieder versuchen, uns die Freude zu nehmen – und genau deshalb müssen wir um sie kämpfen.

Freude kommt nicht von allein, wir müssen Dinge suchen, die Freude bringen, oft an unerwarteten Orten. Wir müssen unsere Augen und Herzen darauf trainieren, nach der Freude Ausschau zu halten.

Und dann werden wir mehr finden, als wir uns vorstellen können: Ein Sonnenstrahl an einem Tag mit wolkenverhangenem Himmel. Der Geruch von Kaffee am Morgen. Eine ermutigende SMS von einer Freundin. Gemeinsames Lachen. Ein gedeckter Tisch, um Gemeinschaft und gutes Essen zu genießen. So viele Erinnerungen, dass Er immer noch souverän ist und seine Freude nicht von unseren Umständen abhängt.

WEITERDENKEN

- Was raubt dir die Freude?
- Nimm dir jeden Tag eine Sache vor, nach der du Ausschau halten möchtest. Schreib Freudenerinnerungen auf.
- Schicke an Freunde freudige Erinnerungen, kleine Geschenke oder Bilder, die ihnen Freude bereiten.

WOCHE 43

Vom Verlieren und Finden

43

Die letzten Jahre waren von Verlust geprägt.

Freunde haben geliebte Menschen verloren und ich war sprachlos, weil nichts außer Schmerz blieb. Ich habe Beziehungen verloren, auf die ich eigentlich gezählt hatte, was mich verletzte und enttäuschte. Ich bin gereist und umhergezogen, was in mir das Gefühl zurückließ, nirgendwo wirklich dazuzugehören. Ich habe mein Studium abgeschlossen und begonnen zu arbeiten und dabei nicht erwartet, dass die Umstellung so schwer sein würde. Ich verliere und entdecke meinen Glauben immer wieder neu und meistens fühlt es sich so an, als ob ich allein auf offener See unterwegs wäre.

Manche dieser Verluste sind vielleicht normale Wachstumsschmerzen des Erwachsenwerdens, aber ehrlich gesagt tun sie trotzdem weh.

Ich will mich nicht für immer verloren fühlen.

In allem Verlieren habe ich aber auch viel gefunden.

Ich habe gelernt, Ruhe als einen überlebenswichtigen Teil meiner Woche zu genießen. Menschen haben mich mit ihrer Gastfreundschaft, Großzügigkeit und guten Gedanken überrascht, wenn ich dringend jemanden zum Reden brauchte. Ich durfte so oft die Schönheit der Natur bestaunen, weil ich meine Augen und mein Herz darauf trainiert habe, die Schönheit im Alltäglichen zu sehen. Ich erlebe eine Freiheit in meinen Gedanken und meiner Seele, die ich vorher nicht kannte. Ich habe gelernt, nach dem Frieden zu suchen, egal, wie hoch die Wellen über mir zusammenbrechen.

Die Lebensreise ist noch nicht vorbei und auf meinem Weg wird es sicher noch so manchen Verlust geben. **Doch egal, wie groß oder klein unser Verlust ist – lasst uns niemals aus den Augen verlieren, wie wunderschön und überreich das Geschenk des Lebens ist.**

WEITERDENKEN

» Was hast du verloren? Schreib es auf und nimm dir Zeit, es zu betrauern. Sprich mit anderen darüber. Das können abstrakte oder konkrete Dinge sein; Menschen, Gefühle, Erfahrungen ...

» Was hast du neu gefunden? Schreib es auf und nimm dir Zeit, dafür zu danken.

WOCHE 44

Das Leben lohnt sich

44

Es gibt überall etwas über das Leben zu lernen.

Ich habe oft so einen Aha-Moment, wenn ich Zeit mit meinem Patenkind Paul verbringe. Er ist ungefähr ein Jahr alt und will nicht mehr einfach nur still sitzen. Egal, wo er gerade ist, schaut er nach einem großen Gegenstand oder einer Wand, an der er sich hochziehen kann. Für ein Kind ist das keine leichte Aufgabe und meistens schafft er ungefähr die Hälfte, bevor er wieder hinfällt.

Diese Übung kann Paul hundertmal machen.

Sich hochziehen. Hinfallen. Und von vorne.

Ihm ist es egal, wie oft er es nicht schafft, ihn interessiert nur, dass er es schafft. Er will dieses eine Mal erleben, wenn er sich festhalten und endlich auf eigenen Beinen stehen kann. In ihm steckt dieser unbändige Wunsch zu leben, sich zu bewegen, zu erkunden.

Wann genau passiert es eigentlich, dass sich Pessimismus in unserem Herzen festsetzt? Ist es ein Teil des Erwachsenwerdens, dass wir manchmal einfach aufgeben und aufhören zu kämpfen, zu investieren, zu wollen? Wann genau verlässt uns der Wille auszuharren, zu erkunden und zu leben?

Das Leben schleudert uns ganz schön herum und seine alltäglichen Herausforderungen sind oft nicht einfach. Aber dennoch wünsche ich mir, mehr wie Paul zu sein. Eine Person, die so lebenslustig ist wie er und niemals aufhört, Neues zu wollen und auszuprobieren. Deren Leidenschaft größer ist als die Hindernisse vor ihr. Die nicht all die Male zählt, die sie bei einer Aufgabe versagt, sondern die genau diese Erfahrungen nutzt, um stärker zu werden und vorwärtszugehen. Die nicht aufhört zu suchen, bis sie bei Gott ankommt, der sie fest und sicher hält, wenn die Stürme toben.

Da draußen ist ein Leben.
Und es lohnt sich, dieses Leben zu erkunden.

WEITERDENKEN

» Beobachte diese Woche ein Kind (entweder dein eigenes, eines von Bekannten oder eines auf der Straße). Wie erkundet es die Welt? Was kannst du von ihm lernen?
» Woran hältst du dich fest? Womit hast du gute Erfahrungen gemacht, womit nicht?
» Wie gehst du mit Versagen um, gibst du schnell auf? Wo fühlst du dich als Versager?
» Nimm dir eine Sache vor, bei der du diese Woche nicht aufgeben, sondern sie entdecken willst.

WOCHE 45

Pause machen

45

Neulich saß ich auf der Arbeit und blickte in die Runde. Ein Kollege beugte sich zu mir und flüsterte: »Geht es nur mir so oder sehen wir alle einfach fertig aus diese Woche?« Er hatte recht. Dunkle, kleine Augen blickten mir entgegen. Viele waren unglaublich müde und gelangweilt, während wir alle versuchten, nicht einzuschlafen. Wir waren erschöpft und brauchten dringend eine Pause.

Diese Pausen kommen nicht von allein, wir müssen sie uns aktiv nehmen. Diese Routine durchbrechen, in der wir wie in einem Hamsterrad mitrennen, bis wir nicht mehr können. Gedankenmuster zerstören und die vielen Sorgen und Fragen, die unsere Seele quälen, hinter uns lassen. Uns von Dingen und Menschen befreien, die uns zurückhalten. Zu wirklicher Ruhe durchbrechen. Zum Frieden für Körper, Geist und Seele.

Gott hat uns ein Geschenk der Ruhe gegeben, als er den Sabbat schuf. Wir brauchen den Sabbat so dringend.

Meistens braucht man nicht viel, um Pause zu machen. Aber es erfordert einen aktiven, weisen Umgang mit unserer Zeit. Nimm dir Zeit.

»Plane deine Woche nicht vom Sabbat weg, sondern zum Sabbat hin. Alles Wichtige wird bis dahin getan, alles Unwichtige muss am Sabbat schweigen.«

SHELLY MILLER[11]

Sabbat ist mehr als ein Ruhetag. Es ist eine Herzenseinstellung, die dein ganzes Leben und Handeln beeinflussen soll.

Lass dir Zeit, bevor du weiter zur nächsten Arbeit hetzt. Genieße dein Frühstück. Genieße Essen überhaupt. Koche etwas Leckeres und freue dich auf die Gemeinschaft am Tisch. Mach wirklich Pause am Arbeitsplatz und arbeite nicht nebenher. Mach einen Spaziergang. Triff einen Freund zum Kaffee und lass dich ermutigen. Treibe Sport und spüre die Lebenskraft in dir. Lies ein Buch. Ohne dir Notizen zu machen, ohne Hintergedanken. Einfach aus Spaß, nur für dich. Hör Musik, hör ihr wirklich zu. Lass die Instrumente und den Text auf dich wirken. Finde das, was dich erfrischt, und schaffe dir dafür Zeit. Suche die Stille. Suche Ihn, der versprochen hat, unsere müden Seelen zu erfrischen:

> »Kommt her zur mir, alle, die ihr mühselig und beladen seid; ich will euch erquicken.«
>
> MATTHÄUS 11,28 [12]

Man braucht nicht viel, um Pause zu machen. Aber es erfordert einen ersten Schritt. Pause ist aktiv. Womit fängst du an?

WEITERDENKEN

» Woran erkennst du, dass du eine Pause brauchst?
» Was hindert dich daran, Pause zu machen?
» Wie lebst du den Sabbat?
» Nimm dir einen ersten Schritt für jeden Tag dieser Woche vor, wie du den Sabbat mehr zum Teil deines Alltags machen kannst. Schreib deine Erfahrungen damit auf.
» Plane deine Woche zum Sabbat hin und notiere dir die Veränderungen.

WOCHE 46

Der Schlaf der Gerechten

46

1.30 Uhr
Ich liege wach und denke über alles und nichts nach. Schon komisch, welche aberwitzigen Gedanken mir mitten in der Nacht kommen.

2.45 Uhr
Es ist eine von diesen Nächten. Ich kann nicht benennen, was genau mich wach hält. Ich dämmere zwischen Wachen und Schlafen hin und her und finde doch keine Ruhe. Diese Ruhelosigkeit macht mich kaputt – körperlich, emotional, geistig und geistlich. Warum schlafe ich nicht?

Schlaf ist mehr, als sich abends ins Bett zu legen. Der Kopf muss zur Ruhe kommen und abschalten. Ruhig schlafen bedeutet Vertrauen. Und genau daran scheitert es so oft. Ich vertraue nicht darauf, dass ich alle Arbeit beizeiten erledigen kann. Ich vertraue nicht darauf, dass alles gut ausgeht, wenn ich mir nicht dauernd darüber Sorgen mache. Ich vertraue nicht darauf, dass die Welt sich weiterdreht, wenn ich sie nicht ständig mit meinem Tun am Laufen halte.

»Schlafen ist ein Ausdruck des Glaubens. Es ist ein Loslassen: Wir lassen Kontrolle, Macht, Bewusstsein, Identität los. Wir dirigieren nichts im Schlaf. Wir haben nichts in der Hand. Wir verlieren uns selbst und werden getragen wie Kinder.«

MARK BUCHANAN[13]

Ich erkenne, dass mein Schlaf auch eine Aussage über meinen Glauben macht. **Wenn ich nicht schlafe, schade ich nicht nur mir selbst mit meinen Sorgen, sondern spreche damit auch Gott mein Vertrauen ab.** Dem Gott, von dem es in der Bibel heißt: »Ich schlafe niemals. Es passiert nichts, das ich nicht sehe. Ich kümmere mich um dich, während du schläfst.«[14]

Ich kann den Schlaf nicht herbeizerren, ich kann mich nicht in den Schlaf wünschen. Aber ich kann meinen Tag so planen, dass ich abends entspannter schlafen kann: Das Wichtige für morgen ist erledigt. Alles, was mich nachts plagen will, lasse ich abends nicht mehr an mich ran. Alles Unwichtige ist notiert, sodass es meine Gedanken nicht länger quält. Ich bin noch lange nicht fertig, aber das ist okay.

Ich lege mich hin und lerne zu vertrauen. Ich lege meine rasenden Gedanken dem hin, der das Universum in seinen Händen hält, und sage: »Hey Gott. Hier ist mein Chaos, kümmer dich bitte darum. Ich schlaf so lange 'ne Runde.«

Nein, Gott löst nicht alle meine Probleme auf einmal. Aber ich fühle einen Frieden in mir. Und während ich langsam einschlafe, höre ich sein leises Flüstern: »Mach dir keine Sorgen, mein Kind. Ich kümmere mich drum.«

WEITERDENKEN

» Beobachte dein Schlafverhalten: Schläfst du gut oder liegst du oft wach?
» Was raubt dir den Schlaf?
» Plane deinen Tag. Alles, was dich umtreibt, solltest du nicht kurz vorm Schlafengehen noch durchdenken. Tu unangenehme Dinge zuerst, dann hast du den Kopf frei.
» Entwickle eine Zubettgeh-Routine, um langsam abzuschalten.
» Wichtige Notiz: Es gibt medizinisch bestätigte Schlafstörungen.

Die sind hier nicht gemeint! Wer davon betroffen ist, muss sich auf jeden Fall ärztliche Unterstützung suchen.

WARTEN

»WAS FÜR EINE GNADE, DASS GOTT NICHT DARAUF WARTET, BIS WIR ALLES BEREIT HABEN.«

WOCHE 47

Jahreszeiten

47

Gestern ging ich mit einer Freundin spazieren. Die Sonne war schon untergegangen, Dunkelheit umhüllte uns. Menschen huschten an uns vorüber, die Gesichter tief in ihren dicken Winterklamotten versteckt. Wir hatten Mäntel, Mützen und Handschuhe an, aber uns war trotzdem kalt. Während wir so durch die dunkeln Straßen der Stadt gingen, fiel mir wieder einmal auf, wie wenig ich die Kälte mag.

Ich mag es nicht, wenn mein ganzer Körper friert. Ich mag es nicht, wenn meine Muskeln permanent angespannt sind, weil ich so sehr zittere. Ich mag es nicht, wenn ich nasse Füße bekomme, weil der schöne weiße Schnee sich allzu schnell in braunen Matsch verwandelt. Ich mag es nicht, wenn die Leute achtlos aneinander vorbeirennen, weil jeder nur schnell der Kälte entkommen will. Irgendwie ist man die ganze Zeit schlecht gelaunt, denn es ist einfach kalt.

Ich mag es nicht, dass schon wieder Advent ist, ich jedoch viel zu beschäftigt bin, um langsamer zu machen, nachzudenken und die Weihnachtsfreude in mein sorgenvolles Herz einziehen zu lassen.

Ich habe einige Jahre in wärmeren Gefilden gelebt und mich zieht es natürlicherweise Richtung Sonne. »Wäre es nicht wunderbar, das ganze Jahr über Sommer zu haben?«, frage ich mich manchmal in meinen Träumen.

Dieses Jahr beantworte ich diese Frage zum ersten Mal mit Nein. Trotz der Kälte und mürrischen Leute hat der Winter schöne Momente.

Es gibt Lichter und den Geruch von frisch geschnittenen Zweigen, der durch die Straßen zieht. Es gibt Weihnachtsplätzchen und Adventstreffen mit Freunden, bei denen man guten Punsch genießen kann. Es gibt langsamere Lieder und Gedichte, die einen an so manchen Winter aus der Kindheit erinnern.

Im Winter gibt es diesen Moment des Langsamermachens, des Loslassens, des Sterbens. Wir schaffen Platz für die unsichtbaren Dinge, die sich im Verborgenen langsam entfalten. Wir üben uns in Geduld, während wir darauf warten, dass der Frühling uns neues Leben und neue Träume bringt.

Der Winter ist eine Zeit, in der die Seele zur Ruhe kommt. So wie in der Natur die Samen ruhen, um dann in Knospen wieder aufzubrechen, brauchen auch wir Zeit zu lernen, zu warten, zu wachsen.

WEITERDENKEN

» Bist du ein Winter- oder ein Sommermensch? Wie gehst du mit dem »Winter Blues« um?

» Bist du schon bereit für den Advent?

» Was hält dich von den Adventsvorbereitungen ab?

» Worauf freust du dich im Advent? Erstelle eine Vorfreude-Liste.

WOCHE 48

Wenn Er ankommt

48

Advent.

Die Zeit, wenn etwas beginnt oder zu existieren anfängt.
Der Prozess des Entstehens.

Es ist 5.15 Uhr und mein Wecker klingelt. Zeit aufzustehen und zur Arbeit zu gehen. Ich fahre mit dem Zug durch die rabenschwarze Landschaft und auch während der ersten Unterrichtsstunde ist es noch komplett dunkel. Es fühlt sich schon sehr komisch an, zu leben und zu arbeiten, wenn man draußen gar nichts erkennen kann.

Die Wintermonate sind dunkel. Sie halten uns dazu an, früher nach Hause zu gehen. Durch die Dunkelheit zu stolpern. **Zu akzeptieren, dass wir oft blind sind und eigentlich keine Ahnung vom Leben haben.**

Diese dunklen Monate verbessern unser Ausdauerverhalten. Sie verfeinern unsere Träume. Sie lehren unsere Sinne, zu warten und zu hoffen.

Mitten in dieser Wartezeit passiert Advent. Die Ankunft des Einen, der sich selbst »Das Licht der Welt« nennt. **Er betritt unsere dunkle und verwirrende Welt mit seinem perfekten Licht, das selbst die Sonne in den Schatten stellt.** Sein Licht scheint heller als unsere Dunkelheit, unsere Zweifel, unsere Hoffnungslosigkeit. Sein Licht vertreibt jede Angst und Anschuldigung.

Flieh, Dunkelheit, denn das Licht ist hier!

Sein Glanz beleuchtet unsere Fehler und führt unsere zerbrochenen Seelen aus dem Schatten heraus, wenn wir es zulassen. **Er erleuchtet die dunklen Flecken, die wir so oft verstecken wollen.** Seine Hände heilen unsere kaputten Knochen und unsere gebrochenen Herzen.

Sein Licht fordert uns dazu heraus, es weiterzugeben. Es nicht für uns zu behalten, sondern es mit denen zu teilen, die noch in der Dunkelheit umherirren. **Einen Ort zu schaffen, an dem wir alle frei ins Licht treten und unsere Fehler offenlegen können.**

WEITERDENKEN

» Was bedeutet es für dich, dass Jesus ankommt, bei dir ankommen will?

» Zünde diese Woche jeden Morgen ein Licht an, um dich an dieses Licht zu erinnern.
Erlaube Jesus, dass er an eine bestimmte Stelle in deinem Leben einziehen darf.

» Gib das Licht diese Woche an eine Person weiter. Verschenke eine Kerze, lade jemanden zu dir ein und feiert gemeinsam Advent.

WOCHE 49

Sich bereit machen

49

Vorbereitung.

Das ist wohl die beste Zusammenfassung für das, was wir im Advent tun. Wir warten auf Weihnachten, die Geburt unseres Retters. Und wir bereiten alles vor, alles soll fertig sein.

Wir putzen das Haus. Wir planen das Weihnachtsmenü. Wir kaufen Geschenke und verpacken sie. Wir verschicken Weihnachtskarten.

In der Wüste bereitet den Weg des Herrn, ebnet in der Steppe eine Straße unserem Gott! Jedes Tal soll erhöht und jeder Berg und Hügel erniedrigt werden; was uneben ist, soll gerade werden, und was hügelig ist, zur Ebene!

JESAJA 40,3+4[15]

Die Bibel sagt uns, wir sollen uns selbst vorbereiten. Einen Weg für den Herrn machen.

Der Herr selbst will kommen – wie bereitet man sich denn darauf vor?

Es sollen Straßen in der Wüste entstehen und Hügel flach werden, das klingt unmöglich.

Sich selbst auf Weihnachten vorzubereiten ist nicht einfach. Oft kommt es mir so vor, dass ich innerlich überhaupt nicht vorbereitet bin, weil ich äußerlich schon zu sehr vom Vorbereiten erschöpft bin. Mir fällt es schwer, mein Herz an den richtigen Ort zu bewegen. Eine einladende Atmosphäre zu schaffen und inmitten des Weihnachtstrubels einen erwartenden Geist zu bewahren.

Aber es beginnt mit kleinen Dingen. Kleinen Schritten hin zum Großen.

Und langsam, aber sicher, entsteht aus diesen Schritten eine Straße, mitten in der Wüste und dem Alltagsstress. Mit jedem Schritt steige ich höher und erklimme den Berg, der vor mir liegt.

Praktische Vorbereitung hilft mir dabei, auch geistlich im Advent anzukommen. Bei mir zu Hause beginnt Advent dann, wenn ich die ersten Kerzen anzünde und anfange, Weihnachtsplätzchen zu backen. Das ist manchmal mitten in der Woche, trotz all der Arbeit und anderer Herausforderungen. Aber in dem Moment, wenn ich diese Kassette (ja, es ist noch eine Kassette) mit Weihnachtsliedern anmache und den Teig ausrolle – dann beginnt der Advent. Das ist mein erster Schritt hin zu Weihnachten.

WEITERDENKEN

» Wie feierst du Advent? Welche kleinen Dinge helfen dir anzukommen?

» Gehe bewusst kleine praktische Schritte, nicht alles auf einmal. Backe Plätzchen. Zünde Kerzen an. Höre Weihnachtsmusik. Schaue aus dem Fenster und warte auf den Schnee. Notiere dir die Eindrücke, die dir dabei kommen.

WOCHE 50

Das Beste am Warten

50

Eine meiner Lieblingstraditionen an Weihnachten ist der Heiligabend. Wir gehen in den Gottesdienst, genießen ein festliches Essen und machen uns gegenseitig Geschenke. Außerdem sehen wir Kinder an Heiligabend den geschmückten Baum zum ersten Mal. Das ist bei uns zu Hause Tradition. Du wirst es vielleicht nicht glauben, aber ich habe noch nie einen Weihnachtsbaum geschmückt. Und ich bin mir auch nicht sicher, ob ich es jemals tun will. Seit ich mich erinnern kann, stellt mein Vater den Baum am 23. Dezember auf und schmückt ihn über Nacht. Danach darf keiner mehr ins Wohnzimmer gehen.

Für manchen hört sich das vielleicht komisch an, aber ich mag diese Tradition sehr. Diese Stunden an Heiligabend, die wir darauf warten, den Baum zu sehen, sind etwas Besonderes. Sie geben uns Zeit zurückzuschauen, gemeinsam zu lachen und die Aufregung in uns zu spüren. Mittlerweile sind wir alle erwachsen, aber das Gefühl ist immer noch das gleiche und wir wollen es nicht anders haben.

Warten scheint ein natürlicher Teil der Weihnachtszeit zu sein. Wir üben Weihnachtslieder und wir warten. Wir packen Geschenke ein und warten.

Warten ist hart, besonders für Kinder, aber auch Erwachsene haben damit ihre Schwierigkeiten. Oft sind wir so beschäftigt, dass wir gar keine Zeit haben, wirklich zu warten. Oder wir schieben alles bis zuletzt auf und versinken dann im Weihnachtsstress. Wir mühen uns derart ab mit Vorbereitungen und Backen und

Tun, dass wir ganz vergessen zu haben scheinen, uns wirklich auf das zu freuen, was kommt. Es zuzulassen, dass die Weihnachtsfreude bei uns einzieht und uns durch die kalten, einsamen, dunklen Wintertage trägt.

Aber das Warten ist nicht umsonst, wir verlieren dabei keine Zeit oder Kraft. Viel eher kultivieren wir eine Gewohnheit, einen Geist in uns, der für das Leben extrem wichtig ist. Es lohnt sich, Wartezeiten gut und bewusst zu nutzen. Und die Weihnachtszeit ist vielleicht eine ganz gute Übung dafür.

An Heiligabend, nach dem Gottesdienst und dem Essen, zündet mein Vater die Kerzen an (ja, wir haben noch echte Kerzen an einem echten Baum!). Dann gehen wir Kinder zusammen ins Wohnzimmer. Wir singen, verteilen Geschenke und erfreuen uns am Licht. Das Warten hat sich gelohnt.

WEITERDENKEN

» Wie feierst du Weihnachten?

» Was sind deine liebsten Weihnachtserinnerungen?

» Fällt es dir leicht, im Advent zu warten? Nimm dir eine Sache vor, auf die du jetzt, wo es auf Weihnachten zugeht, warten möchtest. Notiere dir, wie sich deine Einstellung und die Vorfreude auf das Fest verändern. Wie fühlt es sich an, wenn das Warten vorbei ist?

WOCHE 51

Licht in der Dunkelheit

51

Draußen sind es 12°C, es weht eine leichte warme Brise und man kann seinen Kaffee sogar draußen auf dem Balkon in der Sonne genießen.

Es ist aber auch der 24. Dezember, Heiligabend. Der Höhepunkt des Weihnachtsfiebers, der Musik und der Plätzchen.

Ich bin nicht bereit dafür.

Nach so vielen vollgepackten, arbeitsreichen und stressigen Wochen fühle ich mich überhaupt nicht nach Weihnachten. Obwohl ich mir doch vorgenommen hatte, diesmal bewusst Schritte auf Weihnachten zuzugehen, ist es mir irgendwie nicht gelungen. Mein Herz ist rastlos. Es ist kein Platz, um die Weihnachtsfreude und den Frieden hineinzulassen. **Mein Kopf ist zu voll, um sich daran zu freuen, dass Christus, unser Heiland, als Licht in unsere Dunkelheit kommt.** Weihnachten ist da und ich bin nicht vorbereitet.

Vor vielen Jahren ging es einer Gruppe Schafhirten vielleicht ähnlich. Sie waren eines Nachts draußen auf den Feldern und hüteten ihre Schafe. Vielleicht haben sie gegen den Schlaf angekämpft, der sie übermannen wollte. Vielleicht haben sie in der kalten Nachtluft gezittert. Vielleicht haben sie sich gefragt, wie der morgige Tag aussehen würde. Vielleicht haben sie sich gesorgt, ob sie jemals gesellschaftlich akzeptiert sein würden. Sie waren nicht auf das vorbereitet, was als Nächstes passierte.

Der Himmel öffnete sich, alles erstrahlte in einem hellen Licht. Eine Gruppe Engel sang von neuer Freude, neuer Hoffnung. Die Schafhirten beschlossen, ihre Sorgen hinter sich zu lassen und sich einfach auf den Weg zu machen. Wie der Engel es gesagt hatte, entdeckten sie in einer Krippe ein Kind, das ihr und unser Heiland sein würde. Mitten in der Finsternis fanden sie ein Licht, eine Freude, eine Hoffnung, ein Zuhause.

Was für eine Gnade zu wissen, dass Gott nicht darauf wartet, bis wir alles bereit haben. Mitten in unsere Sorgen und unsere Dunkelheit bricht sein Licht durch. Mitten in unseren Alltagstrubel klingen die Lieder seiner Engel. Er lädt uns ein, unsere Sorgen zurückzulassen und ihm nachzufolgen. Sein Licht wird uns dorthin führen, wo wir Freude, Hoffnung und Frieden finden. Zu einem Ort, wo wir dazugehören. **Er wird uns nach Hause bringen.**

Egal, wie dunkel oder voll dein Leben momentan sein mag, egal, wie weihnachtlich du dich gerade fühlst – lass Weihnachten in dein Herz einziehen.

Ich wünsche dir viel Zeit für gutes Essen und Gemeinschaft mit deiner Familie. Ich wünsche dir, dass dein Herz eine Weile ruhen kann, um Kraft für all die neuen Abenteuer zu tanken. Ich wünsche dir, dass das Licht und die Weihnachtsfreude dich nach Hause bringen.

WEITERDENKEN

» Bist du bereit für Weihnachten? Wo fühlst du dich besonders unvorbereitet?
Lade Gott bewusst in diese unfertigen Bereiche ein.

» Lies die Weihnachtsgeschichte in Lukas 2 und notiere dir deine Eindrücke zu den Personen und wie das Licht sie verändert. Was spricht besonders in dein Leben hinein?

WOCHE 52

Bist du bereit?

52

Es gibt Momente im Leben, die einem im Gedächtnis bleiben, weil sie einen Übergang markieren. Einen ersten, wichtigen, nächsten Schritt im Leben.

Die ersten Schritte im Erwachsenenleben nach dem Schulabschluss. Die letzte Prüfung an der Uni oder in der Ausbildung. Der erste Arbeitstag. Der Gang durch die Kirche, hinein in eine Ehe mit einer Person, die man immer noch besser kennenlernen darf. Die Geburt des ersten Kindes. Eine plötzliche Diagnose, die das ganze Leben auf den Kopf stellt. Die Erkenntnis, dass das Leben auf dieser Welt ein Verfallsdatum hat. Der Abschluss unserer gemeinsamen Reise durch das Leben, hin zu Gott. Das Ende eines langen und vielleicht harten Jahres und so wenig Gewissheit über das nächste. Sind wir bereit für all das? Werden wir jemals bereit dafür sein?

Es braucht nicht viel, um unser Leben ins Schleudern zu bringen. Oft sind es die kleinen Dinge, die uns aus der Spur bringen und dafür sorgen, dass wir uns selbst verlieren.

Das erinnert mich an Vogelkinder, die irgendwann von ihren Eltern aus dem Nest geworfen werden. Klingt ziemlich herzlos und brutal. Aber genau dieser Schock zwingt die kleinen Vögel dazu, ihre Flügel auszubreiten und zu fliegen. Erst im Fall merken sie, dass die Luft sie wirklich trägt und da draußen eine Welt ist, die sich zu entdecken lohnt.

Das Leben und seine konstanten Veränderungen sind wie eine Mutter, die uns aus dem Nest wirft. Es mögen kleine oder große Veränderungen sein, aber wir müssen unser komfortables Nest verlassen und den Absprung wagen. **Denn nur dann entdecken wir, dass dort draußen etwas ist.**

Wenn wir unsere Flügel spannen, merken wir, dass uns jemand trägt. Der Einzige, der war und ist und immer sein wird. Seine Stärke und unser Vertrauen in ihn befähigen uns, die Flügel auszubreiten und zu fliegen. Hinein in dieses neue Jahr, in eine neue Lebensphase, in die Ungewissheit. Hinaus in eine Welt, die sich zu entdecken lohnt.

WEITERDENKEN

» Was nimmst du aus diesem Jahr mit? Wofür bist du dankbar?
» Was erwartet dich im nächsten Jahr? Worauf freust du dich, wovor hast du eher Angst?

Nimm dir Zeit für die Stille und rede mit Gott darüber. Lass ihn dich ermutigen.

Anmerkungen

1 Psalm 23, im Folgenden zitiert aus Lutherbibel 1984.

2 Andy Flannagan. »We are blessed.« *The Collection.* 2014. Deutsche Übersetzung: »In unserer Zerbrochenheit wird das Wesen unseres Königs sichtbar.« Übersetzung Katharina von Dessien.

3 nach Lukas 1,37.

4 nach Jesaja 43,19.

5 Text und Melodie: Negro Spiritual. Deutsche Textfassung: Klaus Heizmann, Musikverlag Klaus Gerth, 1971.

6 nach 1. Thessalonicher 5,18.

7 Ann Voskamp. *Tausend Geschenke*. Gerth, 2014.

8 vgl. ebd.

9 Matthäus 7,7 nach Neue Genfer Übersetzung (NGÜ).

10 NGÜ.

11 Shelly Miller. »The Practice of not Thinking.« 30. Januar 2015. *Redemptions Beauty*. Online Blog: https://www.redemptionsbeauty.com/2015/01/30/practice-thinking/. Zugriff 27.05.2017. Übersetzung Katharina von Dessien.

12 Matthäus 11,28 nach Lutherbibel 1984.

13 Mark Buchanan. *The Rest of God. Restoring your Soul by Restoring Sabbath.* Thomas Nelson, 2006. Übersetzung Katharina von Dessien.

14 nach Psalm 121.

15 Schlachter 2000.

Weitere Sachbücher von Francke

Paul E. Miller
Betend leben
Wie Sie in jeder Lebenslage mit Gott im Gespräch bleiben
ISBN 978-3-86827-680-0
342 Seiten, gebunden

Was tun,

- wenn unsere Gebete scheinbar nur bis zur Zimmerdecke vorstoßen?
- wenn unser geistliches Leben irgendwie keinen Schwung mehr hat?
- wenn wir Gottes Nähe im Alltag nicht spüren?

Paul Miller verrät nicht nur, wie wir den Gesprächsfaden mit Gott wieder aufnehmen, sondern wie wir unser ganzes geistliches Leben umkrempeln können. Wir müssen mit Gott nicht in seltsam gebauten Sätzen, sinnlosen Wiederholungen, vagen Nicht-Bitten oder frömmelndem Tonfall reden. Sondern wir dürfen mit ihm reden wie ein Kind mit seinem Vater, einfach drauflos. Wer sich darauf einlässt, wird eine neue Tiefe in seinem Glaubensleben erfahren. Davon zeugen ergreifende Erlebnisse aus dem Familienleben von Paul Miller, dessen Tochter unter Autismus leidet. Sie machen dieses Praxisbuch zu einem wertvollen Begleiter für den Alltag.

Jörg Berger
Stachliger Glaube
Wie wir Gott auf Abstand halten, ohne es zu merken
ISBN 978-3-86827-686-2
182 Seiten, Paperback

Wie nah sind Sie Gott?
Jesus hat Glaubenden einen Gott gezeigt, der nahbar ist: einen Vater im Himmel, der nie von der Seite eines Glaubenden weicht. Doch jeder Mensch hat seine Stacheln. Die fahren wir aus, wenn wir uns in einer Beziehung unwohl fühlen. Unsere Schutzmechanismen richten sich aber auch auf Gott. Sie sind Glaubenshindernisse und schränken unsere Nähe zu Gott ein.
Der Psychotherapeut Jörg Berger öffnet Ihnen einen ungewöhnlichen Blick auf Ihr Glaubensleben und Ihre Gottesbeziehung. Legen Sie Ihre Stacheln ab und lassen Sie sich tiefer auf die Gegenwart Gottes ein!

Mit Gebeten zum Nachsprechen.